A

Dolly Alderton

Dear Dolly

Die besten Antworten auf die wichtigsten Fragen im Leben

Alle Highlights aus der berühmten *Sunday Times*-Kolumne

Aus dem Englischen von Eva Bonné

Atlantik

Die Originalausgabe erschien unter dem Titel *Dear Dolly. On Love, Life and Friendship: Collected Wisdom from her* Sunday Times Style *Column* bei Fig Tree / Penguin Books, London, 2022.

Atlantik ist ein Imprint des
Hoffmann und Campe Verlags, Hamburg.

1. Auflage 2023

www.hoffmann-und-campe.de
Umschlaggestaltung: Vivian Bencs © Hoffmann und Campe
nach einem Originalentwurf von Penguin Random House UK
(Coverdesign), Helen Crawford White (Lettering)
Satz: fuxbux, Berlin
Gesetzt aus der Adobe Caslon Pro
Druck und Bindung: GGP Media GmbH, Pößneck
Printed in Germany
ISBN 978-3-455-01634-5

Ein Unternehmen der
GANSKE VERLAGSGRUPPE

Für India Masters,
meine Kummerkastentante.

Inhalt

Einleitung

Als ich beschloss, die Probleme anderer Leute zu lösen, befand ich mich am Tiefpunkt meines Lebens. In meinem Kopf herrschte Chaos, mein Herz war gebrochen. Ich machte eines dieser Jahre durch, in denen jeder Monat einen neuen Kummer bringt – ich glaube, man nennt so etwas ein *annus horribilis*. Und wie durch einen bösen Schachzug des Schicksals fiel mein persönlich schlimmstes Jahr mit *dem* schlimmsten Jahr überhaupt zusammen – 2020. Das *horribiliste* aller *annusse*.

Damals bewarb ich mich bei meiner Redakteurin von der *Sunday Times Style* als Kummerkastentante. In meinen Zwanzigern hatte ich für das Magazin eine wöchentliche Dating-Kolumne geschrieben – ein Umstand, der manchmal mitten in der Nacht die Tore zu meinem Unbewussten aufstößt und mich in kaltem Schweiß gebadet aufwachen lässt. Trotzdem war es eine der größten beruflichen Chancen, die mir je eingeräumt wurden, und die Zeit zwischen sechsundzwanzig und achtundzwanzig ist wahrscheinlich das perfekte Alter, um sich zu Unterhaltungszwecken selbst bloßzustellen; eine Art exhibitionistischer Kipppunkt, wenn mangelnde Selbsterkenntnis für hauptfigurentaugliche Kapriolen sorgt, diese Selbsterkenntnis aber schon so weit ausgeprägt ist, dass man sich über sich selbst lustig machen kann. Später gab ich die Kolumne auf, schrieb ein Memoir über meine Zwanziger und zog dann, was die serielle Verwertung meines Privatlebens betraf, einen Schlussstrich. Ich hatte genug preisgegeben.

Was mich vorübergehend in ein journalistisches Niemandsland verfrachtete. Weil ich ein Memoir veröffentlicht hatte, erwarteten die Leute von mir, dass ich mich auch weiterhin in meinen Geschichten selbst thematisierte, sogar wenn ich persönlich rein gar nichts mit dem Thema zu tun hatte. Ich wurde als vermeintlich neutrale Beobachterin angeheuert, die über bestimmte Menschen, Orte und Dinge schreiben soll, doch anschließend bat man mich jedes Mal, wie mit einer Brechstange Lücken im Text zu schaffen und Bezüge auf mein Privatleben einzufügen. Hätte ich in jener Zeit beispielsweise Barack Obama interviewt, hätte es in den Anmerkungen meiner Redakteurin geheißen: »VIELLEICHT KÖNNTEST DU HIER BESCHREIBEN, INWIEFERN EURE GESCHICHTEN SICH GLEICHEN?? GIBT ES IN DEINER DATING-VERGANGENHEIT PARALLELEN ZU SEINER AMTSZEIT? ERINNERT ER DICH AN IRGENDEINEN DEINER EXFREUNDE?«

Wofür ich natürlich Verständnis hatte. Schließlich war ich diejenige gewesen, die darauf bestanden hatte, die ganze Welt an ihrem Leben teilhaben zu lassen; anfangs hatte niemand mich darum gebeten. Zwar hatte ich versucht, eine Kolumne in der ersten Person zu schreiben, die ohne aktuelle, intime Einzelheiten aus meinem Privatleben auskam. Aber was eine persönliche Kolumne interessant macht, ist nun einmal die Offenlegung der eigenen Schwächen, Fehler und Katastrophen, was das Ganze, um es vorsichtig auszudrücken, zu einer Herausforderung machte. Zudem war ich keine Meinungskolumnistin. Ich habe eine zu dünne Haut, zu wechselhafte Ansichten und erbärmlich wenig Mut. Da mir also weder mein Privatleben noch eine öffentliche Meinung als Material zur Verfügung standen, blieb wenig übrig, worüber ich hätte schreiben können, abgesehen von Jubeltexten über Dinge, die ich mochte, und handzahme, durch verlegene Haftungsausschlüsse abgemilderte Fast-Tiraden über Dinge, die ich nicht mochte. Eine Freundin nennt diese weichgespülten, wenig erinnerungswürdigen Kolumnen *Ich-habe-die-Batterien-in-meiner-Fernbedienung-gewechselt*-Journalismus. Ich wollte keinesfalls, dass so mein Vermächtnis aussieht.

Aber eine Kummerkastentante wollte ich immer schon sein. Wenn ich als Jugendliche ein Teenie-Magazin in die die Hände bekam, blätterte ich sofort zu den Problemseiten weiter. Meine Eltern sprachen durchaus über Sex, wahrscheinlich offener als die meisten Boomer (die letzten Opfer der viktorianischen Erziehung), doch nie gingen sie ins Detail. Stattdessen redeten sie über das Risiko ungewollter Schwangerschaften, dieses »kribbelnde« Gefühl und den Moment, wenn man merkt, dass man »einen anderen Menschen sehr gern hat«. Mir reichte das nicht. Ich brauchte mehr, und die Problemseiten waren meine Rettung. Mein lüsterner Blick jagte über die Seiten und blieb an den Schlüsselbegriffen hängen: »Jungfräulichkeit«, »Masturbation«, »Erguss«. Ich sammelte die Tipps, gab sie als eigene Weisheiten weiter und wurde zum Sex-Yoda des Pausenhofs. Mit meinen eigenen Erfahrungen übertrieb ich maßlos, damit ich nicht nur gleichaltrige, sondern auch ältere Mädchen beraten konnte.

Am meisten bereue ich wahrscheinlich, dass ich meine Kindheit und Jugend als demütigenden Zustand empfand. Wenn ich heute meine Teenie-Tagebücher lese, erkenne ich, wie oft ich beim Schreiben gelogen habe, bloß weil ich mich dafür schämte, so jung zu sein. Ich hatte noch nicht einmal jemanden geküsst, redete aber so blasiert über Sex, als wäre ich davon gelangweilt. Wie eine abgestumpfte Geschiedene notierte ich die Anzahl meiner täglich konsumierten Kalorien und Zigaretten. Ich verwünschte mein Leben und machte mir nicht bewusst, dass ich im Besitz einer Sache war, die wertvoller ist als Gold: Jugend. Doch meine ganze Kindheit lang wollte ich nichts damit zu tun haben. Möglicherweise ging meine Idee, mich als Kummerkastentante zu bewerben, auf diesen verzweifelten Wunsch zurück: Ich wollte kein trampeliger Teenie sein, der auf seinem Bett liegt und Ratschläge liest, sondern eine lebenskluge Frau, die anderen ebendiese Ratschläge erteilt.

Als ich dann erwachsen wurde, zog es mich zu einer ganz bestimmten Sorte von Mentorin hin. Ich wollte mir von Frauen in schwarzen Kaschmirpullovern erklären lassen, wie ich mein Leben zu leben hätte, vorzugsweise in drastischen Worten. Welche Rezepte ich nachkochen, welche Männer ich daten, welche Frisur ich ausprobieren sollte. Auch aus diesem Grund wurde Nora Ephron zu meiner Lieblingsschriftstellerin und meinem ewigen Lebensguru. Ihre journalistischen und persönlichen Essays sind auf geradezu militante Weise konkret (Gib nicht zu viel für eine Handtasche aus, niemals *nur* das Eiweiß essen, immer etwas mehr Butter in die Pfanne und mehr Badeöl in die Wanne geben als nötig.) Ich brauche keine fröhlichen Lifestyle-Influencerinnen mit weißen Zähnen und modellierten Gesichtern, die jedes Video mit »Hey, guys« beginnen und mir dann erklären, ich solle unbedingt diese Süßkartoffelbrownies probieren, »die es auch in der nichtveganen Variante gibt, falls ihr das mögt«. So etwas brauche ich kein bisschen. Ich brauche eine gebieterische Dame, die mir sagt, ich solle mich mal zusammenreißen. Eine lustige, clevere, »mir doch scheißegal«-Frau mit einer Liste scheinbar willkürlicher Regeln, die mein Leben besser machen, effizienter, leichter und vor allem vergnüglicher. Sie soll mir sagen, dass ich, wenn ich diese Regeln nicht befolge, dumm bin. Von einem Mann würde ich mir so etwas niemals anhören, aber wenn eine weise ältere Frau mit Statement-Ohrringen mir erzählt, was sie vom Leben gelernt hat, hänge ich an ihren Lippen. Falls ich auf einer Hochzeitsfeier abtauche und weder am Käsebüfett noch an der Bar zu finden bin, sitze ich wahrscheinlich zu Füßen einer Großmutter oder Großtante und lasse mich von einer Wolke Shalimar und traurigen Liebesgeschichten berauschen.

Es gibt nur einen einzigen Mann, den ich jemals um Rat gefragt habe. In einer von vielen schlaflosen Nächten während meines *annus horribilis* schrieb ich eine Mail an

Nick Cave. Er versendet einen Newsletter, The Red Hand Files, in dem er als mystischer und poetischer Kummerkastenonkel auf die Zuschriften seiner Fans reagiert. Während meiner Jahre als eifrige Leserin von Problemseiten hatte ich niemals einer fremden Person geschrieben und sie um Rat gebeten. Aber da saß ich nun in der Dunkelheit zwischen Mitternacht und Morgengrauen auf meinem Bett und bat Nick Cave um Hilfe. Ich werde nicht verraten, was ich ihn gefragt habe, weil es zu peinlich wäre, außerdem hat er nicht geantwortet. Aber das macht nichts. Meinen intimsten Schmerz einem semiprofessionellen Problemlöser zu offenbaren, hat mich etwas gelehrt: Andere um Hilfe zu bitten, ist der Beginn der Heilung. Es war, als hätte ich mich im Schutz der Dunkelheit zum Hafen geschlichen und eine Flaschenpost ins Wasser geworfen, und nun malte ich mir aus, wer sie finden würde. Indem ich meine Sorgen aufschrieb, schuf ich eine Möglichkeit, dass ein anderer Anteil daran nehmen und ganz ohne mich zu kennen das Richtige antworten könnte. Was ich fühlte, hatten schon viele andere vor mir gefühlt, und plötzlich war ich nicht mehr die einsamste und traurigste Frau auf der Welt.

Einige Jahre zuvor hatte ich eine andere Redakteurin um eine Ratgeberkolumne angefleht (um welche, werde ich nicht verraten, aber sie erschien in der *Vogue*) und war abgelehnt worden. Es war ganz fraglos besser so, denn inzwischen sehe ich ein, wie schwierig es für viele Leute ist, Rat von einer Mittdreißigerin anzunehmen, geschweige denn von einer Mittzwanzigerin. Doch im Alter von einunddreißig Jahren gelang es mir dann endlich, meine wundervolle *Style*-Redakteurin davon zu überzeugen, dass dieses Medium wie für mich gemacht war. Es war der Ort, an dem ich mich ganz offen an die Leserschaft wenden konnte, ohne notwendigerweise offen über mich zu sprechen. Wo ich meine Meinung über die Gefühle fremder Leute äußern durfte, nicht über den Zustand der Welt. In meinen ersten zehn Jahren als professionelle Texterin hatte ich vor allem von meinen persönlichen Fehlschlägen berichtet, in meinen Augen ein gutes Training für eine Kummerkastentante. Ich konnte und wollte nicht behaupten, allwissend zu sein oder eine Expertin oder auch nur ein Mensch, der immer die richtigen Entscheidungen trifft. Ich bot mich als eine Frau an, die Fehler gemacht hatte und dazulernen wollte. Die das Leben besser zu verstehen versuchte, genau wie die Personen, die mir schrieben.

Der erste Schwung aus Zuschriften erwies sich als untypisch komisch. Da war die Frau, die »fast sofort« nach dem ersten Lunch Sex mit ihrem Date-Partner hatte; der pensionierte Zahnarzt, dessen Kinder keine Lust mehr hatten, seine neueste »Eroberung« kennenzulernen; die Frau, die nach Paris umziehen wollte und fürchtete, sich vor den Einheimischen durch ihre »spektakulären« Alkoholabstürze zu blamieren; eine andere Frau, die fürchtete, sie könnte Hunde mehr lieben als Männer. Nun, da ich die Kolumne einige Jahre lang betreut habe, weiß ich, dass wöchentlich dieselben Probleme hereinschneien *(Ich bin nicht verliebt; Meine Liebe wird nicht erwidert; Ich möchte eine Freundschaft beenden; Meine Mutter nervt)*. Wohl aus diesem Grund hat die bekannte Kolumnistin Claire Rayner alle Probleme und Antworten in Kategorien zusammengefasst (z.B.: Dieser Brief betrifft Problem Nr. 45, Antwort Nr. 78). Ich schreibe gern über diese Kummerkastendauerbrenner, denn ihre zuverlässige Wiederkehr und die Tatsache, dass wir in unserem einzigartigen Leid doch alle gleich sind, hat etwas Tröstliches. Oft sind es gerade diese Kolumnen, die am häufigsten geteilt und kommentiert werden. Doch man kann solche Anfragen nicht wieder und wieder beantworten, ohne sich irgendwann zu wiederholen, und dann erscheint ein ursprünglich ernst gemeinter Rat nur noch banal.

Am meisten sehne ich mich nach ungewöhnlichen Problemen und merkwürdigen Details, die tief ins moralische Labyrinth führen und die Menschen zwingen, sich eine kluge Strategie zu überlegen. Eine meiner Lieblingsfragen stammt von einer Frau, die sich in den Sohn des langjährigen Partners ihrer Mutter verliebt hatte (sozusagen ihren Stiefbruder). Nach dem besten Sex ihres Lebens fragte sie sich, ob das, was sie da taten, richtig, falsch oder vielleicht sogar illegal war (war es nicht, wie mir einer der *Sunday-Times*-Ressortleiter versicherte). Von so einem Problem hatte ich noch nie gehört, und nun musste ich mir Gedanken zu meiner Haltung machen. Während jener Woche holte ich die Meinung von allen greifbaren Kolleginnen und Freunden ein und lotete alle möglichen Antworten aus. Nichts finde ich aufregender, als so eine Frage in meiner Mailbox zu finden. Wobei in meinem Hinterkopf natürlich immer die vermeintlich wahre Geschichte von der Kolumnistin einer überregionalen Zeitung herumspukt, die mit großem Ernst eine Reihe von detailreichen und ungewöhnlichen Zuschriften beantwortete, nur um später zu erfahren, dass es sich um Fakes handelte, die auf berühmten Filmplots basierten, ganz nach dem Motto: »Ich führe ein Antiquariat in Notting Hill und habe mich in eine Kundin verliebt. Das Problem ist, dass sie in einer völlig anderen Branche arbeitet und in Amerika lebt. Soll ich mein Glück trotzdem versuchen?« Wann immer mir eine Anfrage ein bisschen zu grotesk vorkommt, gleiche ich sie mit IMDb ab, um nicht einem zugegeben sehr cleveren Scherz zum Opfer zu fallen.

Viele der Zuschriften, die ich in meinem ersten Jahr als Kummerkastentante erhielt, hatten mit Corona zu tun. Ich wollte nicht immer wieder die Pandemie als Erklärung für ein Elend anführen, weil mir das zu naheliegend erschienen wäre und auch ein bisschen faul. Trotzdem fand ich es wichtig, ihre durchschlagende und unberechenbare Wirkung auf alle Bereiche des Lebens zu berücksichtigen, vor allem, da niemand Erfahrung damit hatte. Ich bekam viele Zuschriften von Leuten, die sich aufgrund abweichender politischer Ansichten mit ihren Verwandten zerstritten hatten, ein Punkt, um den man bei Diskussionen über Corona oft nicht herumkam. Gequälte Seelen beschrieben ihre Einsamkeit, ihre Trauer darüber, das Leben zu verpassen, ihre Angst, als junger Mensch oder Single zu kurz zu kommen. Eine weitere Sorte Zuschriften stammte von langjährig Verheirateten, die sich plötzlich an ihre erste Liebe erinnerten. Ich fand das ebenso unvermeidlich wie verständlich, war ich doch während der Lockdowns selbst zu einer Archivarin meiner Beziehungen geworden. Als körperliche Begegnungen nicht mehr möglich waren, fand ich Trost im Virtuellen. Ich las alte WhatsApp-Chats mit Freundinnen, die bis ins Jahr 2017 zurückreichten, scrollte bis zu meinem ersten iPhone-Foto aus dem Jahr 2010 zurück und blätterte in meiner Geschichte wie in einem Hochglanzmagazin beim Friseur. Ich googelte meine Exfreunde in Kombination mit »LinkedIn« oder »JustGiving«, um herauszufinden, ob ich wieder mit dem Menschen in Kontakt kommen könnte, der sie einmal waren, ganz ohne sie direkt zu kontaktieren.

Ich versuche, nicht Corona die Schuld an allem zu geben, und außerdem versuche ich, nicht zu streng über das Internet zu urteilen. Über das »böse Internet« möchte ich wirklich nichts mehr lesen oder hören. Wir alle wissen, wie vergiftet Teile davon sind. Wir alle wissen, dass bestimmte Menschen keinen gesunden Umgang damit pflegen. Das Internet ist wie Alkohol, Autofahren oder Sex. Wir sollten uns über die Risiken informieren und uns entsprechend verhalten, und ich kann mir gut vorstellen, dass der Zugriff darauf eines Tages überwacht und begrenzt wird. Aber an dem Punkt sind wir noch nicht, und bis es so weit ist, finde ich es wenig hilfreich, jeden zweiten Satz mit »Im Zeitalter von Social Media …« zu beginnen. Alle Probleme auf die Existenz einer digitalen Welt zu schieben, wäre zu bequem. Ich glaube nicht, dass das Internet unsere Ängste erfunden hat. Ich glaube, das Internet bietet uns einfach nur einen Raum, wo wir sie vorzeigen können. Wenn ich in der Vergangenheit die Nachteile des Internets beklagt habe, habe ich übersehen, wie sehr es unser Leben bereichert. Ich persönlich kenne viele sehr glückliche Paare, die sich über eine Dating-App oder Social Media kennengelernt haben. Und während mein Freundeskreis und ich älter werden und immer weniger Zeit füreinander finden, muss ich zugeben, dass ich mich manchen geliebten Menschen weniger nah fühlen würde, gäbe es keine WhatsApp-Gruppen, keine Stories auf Instagram, keine geteilten Alben mit Fotos von den Enkeln und keine öffentlichen Kalender, mittels derer wir ermitteln, wie und wann zur Hölle wir uns endlich treffen können.

Inzwischen finde ich die Frage viel interessanter, ob manche Internetprobleme nur ein Symptom sind, hinter dem sich unsere eigentlichen Fragen verbergen, und meine Hoffnung ist es, anderen bei dieser Diagnose zu helfen. Eine wiederkehrende Sorge im *Dear Dolly*-Postfach ist die, etwas zu verpassen. Häufig kontaktieren mich Mittzwanzigerinnen, die gerade nach London gezogen sind und befürchten, sie könnten zu wenig Spaß haben, oder Singles, die sich fragen, ob sie zu wenig daten. Oft höre ich von Frauen, die in einer Beziehung sind und schreckliche Angst davor haben, dass ihr Leben vielleicht nicht erfüllt ist und sie sich mit ihrer Entscheidung für einen Partner alle anderen, möglicherweise besseren Optionen verbaut haben. Ich soll ihnen sagen, ob die Stabilität, die sie in der festen Bindung gefunden haben, ein Zeichen für eine gute Beziehung ist oder in Wahrheit ein Hinweis auf Stagnation und mangelnde Abwechslung. Viele Leute sind der Meinung, unsere kollektive Bindungsphobie habe sich durch Social Media, die Tyrannei des ständigen Vergleichens und unser gesteigertes Bewusstsein für mögliche Alternativen noch verschlimmert. Doch spannender finde ich die Erklärung, dass es einfach schwieriger ist, sich ewig zu binden, wenn man so viel länger lebt; mit anderen Worten, dass es sich hier nicht um ein digitales Problem handelt, sondern um ein existenzielles. Unsere Lebenserwartung nähert sich langsam der Neunzig an, was bedeutet, dass wir im mittleren Alter einen Menschen kennenlernen und immer noch fünfundvierzig Jahre mit ihm verbringen können. Natürlich ist die Vorstellung einer lebenslangen Bindung für uns beängstigender als für unsere Großeltern, besonders da Frauen erst seit kurzem die gleichen sexuellen Freiheiten und beruflichen Möglichkeiten zugestanden werden wie Männern. Der Widerspruch zwischen dem Wunsch nach einer gesicherten häuslichen Existenz und einem Leben in nomadischer Freiheit entspringt einem menschlichen Instinkt, der in der männlichen Literatur mit ihren zerrissenen männlichen Protagonisten endlos seziert wurde. Nun finden wir Frauen uns plötzlich im gleichen Dilemma wieder, und ich werde niemals aufhören, es zu erkunden.

Denn wenn ich Zuschriften lese und beantworte, geht es mir immer ums Erkunden. Nur selten habe ich eine simple Lösung parat. Als ich Graham Norton in seiner Zeit als Kummerkastenonkel interviewte, erzählte er mir, er habe es immer als seine Aufgabe betrachtet, die Sichtweise des Menschen einzunehmen, dessen Verhalten gerade kritisiert wird. Wenn eine Person Rat sucht und Probleme mit der Freundin, dem Partner, der Familie oder dem Chef schildert, wäre es ein Leichtes, Mitgefühl zu zeigen und ihr zu sagen, sie habe recht. Die Sache von allen Seiten zu betrachten, ist viel schwieriger. Und dort, glaube ich, beginnt die wahre Arbeit der Kummerkastentante – sie muss sich in das Umfeld der Ratsuchenden einfühlen und allen Beteiligten dieselbe Empathie entgegenbringen. Ich gebe mir Mühe, in meinen Antworten genau das zu tun. Selbst wenn ich das Verhalten eines Menschen klar missbillige, sollte ich versuchen zu begreifen, welche Motivation vielleicht dahintersteht.

In einigen wenigen Fällen fiel es mir schwer, den Hilfesuchenden eine neue Perspektive aufzuzeigen, nämlich immer dann, wenn sie anscheinend in einer schädlichen oder potenziell gefährlichen Beziehung, Freundschaft oder Familiendynamik festhingen. Die körperliche Unversehrtheit hat immer Vorrang vor dem absoluten Durchblick. Einmal schrieb mir eine Leserin eine zweite Nachricht, in der sie mir mitteilte, sie habe sich, nachdem sie in der Zeitschrift meine Antwort auf ihre Frage gelesen habe, von ihrem Freund getrennt. Was mich daran erinnerte, wie ernst Zuschriften dieser Art zu nehmen sind. Ich habe sie nur selten beantwortet, weil ich mir darüber im Klaren bin, dass es dafür mehr Ausbildung braucht als nur ein bisschen »Schule des Lebens«.

Das Einzige, worauf ich unweigerlich scharf reagiere, ist Puritanismus in allen Ausprägungen. Ich hasse Puritanismus, und dieser Tage gibt es viel zu viel davon. Unsere Phobie vor Exzessen aller Art und unser Zurückhaltungsfetisch gefallen mir gar nicht. Ich werde nicht zulassen, dass sich jemand für sein Essen, Trinken oder seine Promiskuität selbst verurteilt, vor allem dann nicht, wenn das Urteil ganz eindeutig von anderen übernommen wurde.

Ich kann es generell nicht leiden, wenn Leute sich über den Lebensstil oder die Gepflogenheiten anderer beschweren. Außerdem bin ich ziemlich intolerant, was die zwanghafte Anbetung von beruflichem Erfolg angeht. Zugegebenermaßen bin ich selbst von meiner Arbeit ziemlich besessen, aber je älter ich werde, desto deutlicher erkenne ich, dass Karriere zu machen für viele Menschen nicht das Richtige ist. Niemand sollte dafür verurteilt werden, dass er seine Beziehung und sein privates Glück wichtiger findet als seine Arbeit. Ich mag es auch nicht, wenn Leute sich beschweren, ihre Partner oder Freunde seien weniger ehrgeizig als sie selbst. Ganz generell möchte ich Menschen davon abbringen, gewissen Umständen, die in meinen Augen keine Leistungen sind, einen moralischen Wert beizumessen (beispielsweise dünn, reich, Jungfrau oder nüchtern zu sein).

Ein Teil meiner Leserschaft verurteilt mich für meine Weigerung, in meiner Kolumne zu moralisieren. Die *Sunday-Times*-Stammklientel versammelt sich jede Woche im Kommentarbereich und teilt das Übliche aus: ihr Urteil. Wer hat recht, wer hat unrecht, wer eine Abreibung verdient? Sie erwartet einen eindeutigen Urteilsspruch, und wenn ich keinen liefere, debattieren sie in der Kommentarspalte weiter. Besonders faszinierend finde ich, wie heftig vor allem die Reaktionen auf das Thema Untreue ausfallen. Bei fast allen Kolumnen zum Fremdgehen explodiert die Zahl der Shares und Kommentare. Zu betrügen oder betrogen zu werden ist eine traurige, aber weitverbreitete Erfahrung – höchstwahrscheinlich finden wir alle uns irgendwann im Leben an einem Punkt wieder, an dem wir aktiv oder passiv davon betroffen sind. Und doch gibt es in den Augen meiner Leserschaft nichts, was dringender skandalisiert werden sollte als dieses Phänomen. Statt der organisierten Religion mit ihren gesellschaftlichen Sanktionsmaßnahmen bleiben uns anscheinend nur noch die medialen Kommentarbereiche.

Seit langem werde ich von einem Leser verfolgt, dessen Namen ich an dieser Stelle nicht nennen werde, denn das wäre wohl genau das, was er sich wünscht. Jeden Sonntag meldet er sich zu Wort, manchmal eine Minute nach Mitternacht, wenn die Online-Ausgabe gerade abrufbar ist, und droht damit, sein *Sunday-Times*-Abo zu kündigen. Sein Problem mit mir reicht in die Zeit vor meiner Kummerkastenkolumne zurück, was bedeutet, dass die Drohung seit über fünf Jahren im Raum steht. Er findet mich, und das ist sein Hauptproblem, unendlich langweilig. Ich langweile ihn über alle Maßen. Hin und wieder verfasst er eine eigene Antwort an die Person, die mich um Rat gefragt hat. Inzwischen ist mir klar geworden, dass er den Kommentarbereich als seine eigene Minikolumne begreift. Ich kann ihn gut verstehen, wahrscheinlich ginge es mir an seiner Stelle genauso. Wenn ich lese, wie andere ihm zur Qualität seiner Beiträge gratulieren, fühle ich stellvertretend für ihn einen seltsamen Stolz, gerade so, als hätten wir gemeinsam einen Sieg errungen.

Abgesehen von der einen oder anderen lautstarken Kritik habe ich immer gern für die *Sunday Times* geschrieben. Als Feministin mit einer liberalen politischen Einstellung empfand ich die Aufgabe stets als ein riesiges Privileg. Ich habe einen direkten Draht zur englischen Mittelschicht, und wenn ich mich hinsetze und meine Kolumne schreibe, empfinde ich jede Woche dieselbe Freude. Ich schmuggele Botschaften auf die hinteren Seiten der *Style*-Beilage, die dann wiederum in die Haushalte von Hampshire geschmuggelt wird. Richterinnen, Gesetzgeber und Tories lesen meine Worte bei Toast und Marmelade. Linksliberale Menschen meines Alters brauche ich wohl kaum davon zu überzeugen, dass Frauen sich nicht für unverbindlichen Sex schämen müssen oder dass man einen Expartner, der plötzlich trans ist, nicht verleugnen soll. Wenn ich auswähle, welche Zuschriften ich beantworte, bin ich mir immer der Tatsache bewusst, dass sich hier eine Gelegenheit bietet, Themen dort zu normalisieren, wo ihnen vielleicht immer noch ein Stigma anhaftet. Und zu normalisieren ist wirksamer als zu dozieren, vor allem da ich selbst noch viel zu lernen habe. Ich möchte die Leute keinesfalls belehren, sondern mich als Kummerkastentante (und Mensch) in Empathie üben, und ich hoffe, dass meine Leserschaft mich auf diesem Weg begleitet.

Die meisten Nachrichten bekomme ich von heterosexuellen Frauen, die sich wegen eines Mannes an mich wenden. Ich sehne mich nach diverseren Fragestellungen von einem diverseren Publikum, aber ich kann nur die Zuschriften beantworten, die mich erreichen (einige Pessimisten behaupten, die Mails würden von der Redaktion selbst verfasst, was nicht stimmt; in dem Fall wären sie garantiert viel abwechslungsreicher). Gelegentlich schreiben mir auch Männer, und ich staune jedes Mal darüber, wie anders ihre Probleme gelagert sind. Die Briefe meiner

Leserinnen folgen mehr oder weniger demselben Muster: »Dies ist mein Problem; aus diesem Grund vermute ich, dass es meine Schuld ist; ich weiß, dass ich vermutlich kein echtes Problem habe, weshalb ich mich für meine Anfrage schäme; danke für deine Zeit; nun, da ich alles aufgeschrieben habe, geht es mir schon viel besser. Bin ich ein schlechter Mensch?« Wogegen männliche Ratsuchende weniger Schwierigkeiten damit haben, die Verantwortung auf das Objekt ihrer Beschwerde zu schieben. Außerdem sind sie überzeugt, dass ihr Problem ein echtes Problem und daher diskussionswürdig ist.

Angesichts all dessen fällt es mir manchmal schwer, nicht schwermütig zu werden. Wenn ich die Zuschriften einer beliebigen Woche nebeneinanderlegen würde, ergäben sie eine Geschichte der weiblichen Verunsicherung; des Gefühls, nicht gut genug und von der Wiege bis zur Bahre keine richtige Frau zu sein. Jedes einzelne Jahrzehnt eines Frauenlebens ist von einem neuen Selbstzweifel geprägt. Angefangen beim Teenager, der sich für sein Aussehen hasst, geht es in den frühen Zwanzigern mit der Frage weiter, warum man noch Jungfrau ist, gefolgt von der Sorge (und den entsprechenden Selbstvorwürfen), mit Mitte oder Ende zwanzig immer noch keine feste Beziehung zu haben. Dann kommen die Dreißiger – und ich ertrinke förmlich in panischen Zuschriften von Frauen, die fürchten, womöglich nie Kinder zu bekommen. Wenn sie dann doch Kinder bekommen haben, schreiben sie mir, was für schreckliche Mütter oder Freundinnen sie sind, weil sie es nicht schaffen, ihr Sozialleben mit ihrem Familienalltag zu vereinbaren. Wenn ihre Kinder älter werden, fürchten sie, schlechte Partnerinnen oder Ehefrauen zu sein. Und dann sind da noch die verzweifelten Mails von Frauen jenseits der sechzig, die von der Erektionsschwäche ihres Mannes berichten und wissen wollen, ob es jetzt ihre Aufgabe sei, im Schlafzimmer für neuen Schwung zu sorgen.

Wenn ich den Frauen antworte, versuche ich zunächst, ihnen die Scham zu nehmen. Ich glaube, es ist immer hilfreich zu wissen, dass andere Frauen das Gleiche erleiden. In der Folge brauchen sie sich nicht mehr schlecht zu fühlen, sondern können sich der Problemlösung widmen. Die Kummerkastenphrase »Das ist total normal und sehr gesund« finde ich inzwischen absolut berechtigt. Ich hätte nie gedacht, dass ich einmal eine Frau sein würde, die »Das ist total normal und sehr gesund« sagt, aber hier bin ich nun, die Matrone, die Klartext redet: »Mädels, es gibt nichts, was ich nicht schon gesehen hätte.«

Wenn es passend ist – also meistens –, gehe ich auf die Frage ein, was ein konkretes Problem mit gesellschaftlich verankertem Sexismus zu tun hat. Wenn Frauen sich für ihr Sexleben oder ihre sexuelle Vergangenheit schämen oder sich hasserfüllt über ihren Körper äußern, möchte ich das in einen größeren gesellschaftlichen Kontext setzen und ihnen verdeutlichen, woher ihre Selbstzweifel kommen. Ganz besonders wichtig ist mir das, wenn ich die typischste aller Anfragen erhalte: Eine Frau fürchtet, niemals Mutter zu werden. Ich fühle mich dem Thema persönlich verbunden, weil meine Jahre des Kolumnenschreibens zufällig in jene Lebensphase fallen, in der man sich der Fruchtbarkeitspanikmache unmöglich entziehen kann. Ich werde alles in meiner Macht Stehende tun, um den Frauen jenen Trost zu bieten, den ich selbst immer suche, und sie darauf hinweisen, dass viele vermeintliche »Fakten« zum Thema Fruchtbarkeit auf überholten und unseriösen Studien basieren; dass es mehr als einen Weg gibt, eine Familie zu gründen; und vor allem, dass man nie wissen kann, wie schnell sich die eigenen Lebensumstände ändern.

Diese Art von Zuschriften – Mails von Frauen, die fürchten, keine richtigen Frauen zu sein – sind für mich am einfachsten zu beantworten. Meine Ratschläge sind ein Versuch, eigene Wunden ebenso zu heilen wie die meiner Leserinnen. Während der Zusammenstellung dieses Bandes habe ich jede einzelne meiner veröffentlichten Antworten noch einmal gelesen und begriffen, dass ich, obwohl ich als Autorin kein offenes Buch mehr bin, in meiner Kolumne meine kompliziertesten Gefühle und meine kostbarsten Erfahrungen untergebracht habe. Vielleicht war es kein Zufall, dass ich ausgerechnet an jenem Punkt, als ich scheinbar nichts mehr im Griff hatte, auf die Idee kam, Fremde in allen Lebenslagen zu beraten. In den meisten Fällen hätte meine Antwort genauso gut mit »Liebe Dolly« beginnen können. Ich schätze mich glücklich, dass ich in meinem Job die Zeit und den Raum bekommen habe, mein Leben auf diese Weise zu verarbeiten.

Dating

1. **Dating**
2. **Freundschaft**
3. **Beziehungen**
4. **Familie**
5. **Sex**
6. **Trennungen**
7. **Körper & Seele**

Liebe Dolly: »Hilfe! Meine Körpergröße schreckt die Männer ab«

Immer wieder bekomme ich einen Korb von Männern, die sich ein paar Monate später auf eine kleinere Frau einlassen. Inzwischen glaube ich, dass vor allem meine Körpergröße (eins achtzig) die Männer abschreckt. In der Vergangenheit habe ich oft gehört, ich sei zu groß, um sexy rüberzukommen, was ich inzwischen so weit verinnerlicht habe, dass ich mich auf Dates nur noch unwohl fühle, vor allem, wenn ich den Mann online kennengelernt habe. Hilfe!

Einer der seltsamsten Widersprüche im Leben großer Frauen ist, dass sie einerseits aufgrund ihrer Größe viele Unannehmlichkeiten in Kauf nehmen müssen, andererseits regelmäßig gesagt bekommen, andere Frauen seien neidisch auf ihre Statur. »Du hast Glück«, erklären die zierlichen Elfen dieser Welt. Perfekt proportionierte, durchschnittlich große, niedliche junge Frauen mit Disneyprinzessinnengesicht, die noch nie im Übergrößeladen einkaufen mussten und nicht wissen, wie sehr der Zwickel einer zu kleinen Strumpfhose kneift, wollen dir ernsthaft erzählen, sie gäben alles dafür, so groß zu sein wie du.

In der Vergangenheit haben mich die Mythen, die große Frauen umranken, fast in den Wahnsinn getrieben. Warum kann ich groß zu sein nicht genießen, wenn mich angeblich alle darum beneiden? Wenn groß zu sein so erstrebenswert ist, warum schäme ich mich dann ständig dafür? Warum fühle ich mich wie ein uneleganter, wenig femininer, unsicherer Trampel? Warum heißt es, Männer würden große Frauen lieben, wenn mich doch die meisten, die kleiner sind als ich, nicht daten wollen?

Natürlich gab es auch für mich Momente der Genugtuung – Abende mit Freundinnen, an denen ich hohe Absätze trug und sie die unermüdlichen Kommentare von Fremden endlich einmal mitbekamen, oder das gelegentliche »Lol, sorry, zu groß« auf den Dating-Apps. Nie werde ich die Folge von *First Dates* vergessen, in der ein Mann im Vorspann sagt: »Ich. Hasse. Große. Frauen«, nur um dann auf eine Bewerberin von meiner Statur zu treffen. Mit einem breiten, hoffnungsvollen Lächeln setzt sie sich neben ihn. »Als du reinkamst und ich gesehen habe, dass du größer bist als ich«, erklärt er ihr später bei der niederschmetternden Nachbesprechung, »warst du sofort raus. Nimm es nicht persönlich, aber du hättest genauso gut eine Ameise sein können. Also, eine *riesige* Ameise.«

Aus dem Grund werde ich jetzt nicht lügen. Ich werde dir nicht erzählen, du würdest dir das alles nur einbilden. Du hast recht. Da draußen gibt es Männer, die sich allein aufgrund deiner Größe nicht für dich interessieren. Und das tut weh.

Aber: Ich habe das im Laufe der Jahre akzeptiert und meinen Frieden damit gemacht, denn ich kann dir verraten, wem es am meisten wehtut. Nicht uns, den langbeinigen Legenden, die immer und überall den Überblick haben, sondern den betreffenden Männern. Denn wenn ein

Mann ein Problem damit hat, sich auf eine größere Frau einzulassen, liegt es nicht daran, dass er sie zu groß, sondern sich selbst zu klein findet. Ihm wurde eingetrichtert, dass er sich erst dann wie ein richtiger Mann, guter Liebhaber und fähiger Beschützer fühlen kann, wenn er der Frau körperlich überlegen ist. Und das ist wirklich traurig. Wir sollten uns von diesen Männern nicht einschüchtern lassen und uns auch nicht abgelehnt fühlen. Stattdessen sollten wir in uns gehen und etwas Mitleid mit ihnen aufbringen.

Das alles wurde mir schlagartig klar, als ich mit dreiundzwanzig an der Brust eines jungen Mannes lag, den ich damals datete. Meine Beine gingen dort noch weiter, wo seine längst zu Ende waren, und auf einmal flüsterte er mir betrunken ins Ohr: »Tut mir leid, dass ich nicht größer bin.« Und da ergaben seine fiesen Anspielungen auf meine Körpergröße und sein Beharren darauf, dass ich bei unseren Treffen flache Schuhe trug, plötzlich einen Sinn.

Und ich habe eine weitere absolute Wahrheit für dich. Ich schwöre es feierlich: So, wie es Männer gibt, die nicht mit dir ausgehen wollen, gibt es andere, die deine Größe einfach nur sexy finden. *Viele andere.* Sie werden es genießen, durch die Straßen zu schlendern und dabei einen Arm um deine Schultern, deine Taille, deinen Hintern oder einen anderen, für sie bequem erreichbaren Körperteil zu legen. Sie werden sich wünschen, dass du immer hohe Absätze trägst *(immer)*, und dich für Wonder Woman halten (die übrigens eins dreiundachtzig misst). Alles wird sich komplett richtig anfühlen, und du wirst begreifen, dass du auf deine Größe immer schon hättest stolz sein können. Einer meiner Exfreunde zeigte mir einmal eine Nachricht, die er während unseres ersten Dates von der Toilette aus an seinen besten Kumpel geschickt hatte: »Ich bin verliebt, sie ist eine *Riesin*!« Als ich das las, habe ich mich so für mein jüngeres Ich gefreut, und ich wünschte, ich könnte die Nachricht an das von Selbsthass zerfressene Mädchen von damals weiterleiten, das ernsthaft Begriffe wie »chirurgische Verkleinerung« gegoogelt hatte.

Und nun ein letzter praktischer Rat von einer, die es wissen muss: Du kannst absolut nichts tun, um dieses beeindruckende, ungewöhnliche, schöne Merkmal zu verändern. Du hast auf deiner Reise durchs Leben nur diese eine Hülle. Nimm dir die gemeinen Kommentare bitte, bitte nicht zu Herzen, und schon gar nicht darfst du sie als Fakten betrachten, denn das sind sie nicht. Du wirst einen Mann kennenlernen, der sich von deiner Größe nicht einschüchtern lässt, jemanden, der Statur und Macht sexy findet und sich seiner Männlichkeit gewiss ist. Und diese Typen sind, das kann ich dir versichern, sowieso die besten.

Liebe Dolly: »Ich bin mit meiner Mitbewohnerin auf ein Doppeldate gegangen und hatte keine Chance!«

Ich komme gerade von einem Doppeldate mit meiner Mitbewohnerin zurück. Es war ganz lustig, aber irgendwie hatte ich den Eindruck, dass sie sich einfach den netteren Mann geschnappt hat. Sie dominierte das gesamte Gespräch (sie hatte mit beiden Typen online ein Match), und ich bekam keine Gelegenheit, mich zu fragen, welchen der beiden ich wollte oder mit welchem die Chemie stimmte. Wie kann ich ihr sagen, dass ich mich so nicht behandeln lassen möchte, ohne dabei weinerlich rüberzukommen? Meine Freundin ist sehr dominant und erträgt keinen Widerspruch.

Okay, hier kommen alle Zutaten für einen Shitburger zusammen. Ich möchte die unangenehme Erfahrung nicht künstlich verlängern, indem ich dem Opfer die Schuld gebe, aber ich denke, es wäre das Beste, wenn wir uns hinsetzen und in Ruhe analysieren, was hier alles schiefgelaufen ist. Ich habe drei Risikofelder ausgemacht:

1. Das Prinzip Doppeldate

Lass mich vom schlimmsten Date meines Lebens erzählen. Wir schreiben das Jahr 2013. Einer meiner Kumpel schlägt vor, dass wir essen gehen und ich eine Freundin mitbringe, während er einen seiner Freunde einlädt. Ich frage meine Mitbewohnerin, eine lustige, hübsche, nette Frau, weil ich weiß, dass die beiden sich prima verstehen werden. Und so kommt es dann auch, vom ersten Drink an. Ich sitze eine Stunde lang gelangweilt daneben, bis endlich ein junger Mann im Jogginganzug auftaucht. Die Mütze hat er sich so tief in die Stirn gezogen, dass man kaum seine Augen sehen kann, außerdem hat er sich mit Whiskey volllaufen lassen, »weil Liverpool heute verloren hat«. Er verweigert jeden Blickkontakt und redet kein Wort mit mir. Wir gehen in ein Restaurant, wo mein Kumpel und meine Mitbewohnerin ihr phantastisches Date fortsetzen. Der Typ kehrt mir den Rücken zu, ist während des Essens ständig am Handy und verschwindet, noch bevor die Rechnung kommt. Der Abend endet bei mir zu Hause, wo meine Mitbewohnerin und mein Freund plaudern und lachen. Sie holt die Gitarre raus, er singt »Wicked Game« von Chris Isaak, sie begleitet ihn und summt die zweite Stimme. Ich höre eine Weile genervt zu und gehe dann allein ins Bett.

Ein erfolgreiches Date zu erleben, ist schon für zwei Menschen schwierig genug. Zwei parallel laufende erfolgreiche Dates mit vier Beteiligten sind ein Ding der Unmöglichkeit. (Mindestens) einer wird enttäuscht sein. Ja, im Prinzip wäre es schön, eine Freundin zur seelischen Unterstützung dabeizuhaben, aber diese seelische Unterstützung kann sie nicht leisten, wenn sie gerade auf einem tollen Date ist! Sie und ihr Datepartner werden sich überhaupt nicht für dich interessieren.

2. Date mit einem Mann, der mal deine Freundin gut fand oder immer gut noch findet

Eine wirklich furchtbare Idee. Für ein gelungenes erstes Date braucht es nicht viel: Lachen, einen Flirt, beiderseitige Neugier und Signale, dass man einander für geeignet hält. Nichts davon kann sich für dich ergeben, wenn die Männer nur deswegen dem Date zugestimmt haben, weil sie ein Match mit deiner Freundin hatten. Dieses Wissen, ob ausgesprochen oder nicht, wird den Abend zwangsläufig belasten. Mädchen, du hattest keine Chance! Mit dir ist alles in Ordnung, und natürlich ist es nicht so, dass alle auf deine Freundin stehen und niemand auf dich. Euer Abend war von vornherein zum Scheitern verurteilt.

Und ja, rein theoretisch war es nett von ihr, dir einen der Männer zu überlassen wie ein Kleid, das sie gekauft hat und dann doch nicht tragen wollte. Sicher gibt es Menschen, die bei so etwas keine bösen Hintergedanken hegen, doch irgendwie klingt es, als würde sie es genießen, wenn zwei Typen um ihre Aufmerksamkeit konkurrieren. Wenn eine Frau dir großmütig ein Date mit ihrem Ex oder mit einem Mann anbietet, den sie nicht für sich will, darfst du ins Grübeln kommen.

3. Doppeldate mit einer Freundin, die sich über Bestätigung von außen definiert

Wir alle haben so eine Freundin, und in gewisser Hinsicht ist es nicht ihre Schuld. Kein Wunder, dass manche Frauen an jeder Ecke nach männlicher Anerkennung suchen, schließlich wurden sie kulturell darauf konditioniert. Da wir wissen, dass es sich um ein Symptom von Unsicherheit handelt, nicht von Arroganz, zeigen wir ihr unser Mitgefühl. Gleichzeitig meiden wir Situationen, in denen wir den Eindruck haben, wir müssten mit ihr um männliche Aufmerksamkeit wetteifern (bitter!).

Wenn das Problem grundsätzlicher Natur ist und du dich dauerhaft von ihr sabotiert fühlst, solltest du das ansprechen. Falls sie eine eher defensive Person ist, solltest du nicht mit Vorwürfen beginnen (»Du tust dies, du bist jenes«), sondern mit offener Selbstreflexion, die zum Gespräch einlädt (»Wenn ich mit dir zusammen bin, fühle ich manchmal x-y-z; ich würde gern darüber reden, weil ich mir sicher bin, dass du auf keinen Fall willst, dass ich mich so fühle«).

Aber wenn es sich um einen einmaligen Vorfall handelt, der nur auf diesem Doppeldate passiert ist, würde ich dir raten, künftig auf keine Doppeldates mit ihr mehr zu gehen. Du hast unterschiedliche Freundinnen für unterschiedliche Aktivitäten. Vielleicht ist sie – aus komplizierten Gründen, für die du nicht verantwortlich bist – einfach keine gute Singleverbündete. Such dir eine andere Wingwoman.

Zusammengefasst: Doppeldates sind wie eine Woche Clubbing auf Ibiza oder wie ein Fondue-Abend. Man probiert es aus, um hinterher sagen zu können, dass man es gemacht hat. Glückwunsch! Du hast es hinter dir.

Liebe Dolly: »Ich bin süchtig nach unerwiderter Liebe, was mich vom echten Daten abhält. Werde ich jemals eine gesunde Beziehung führen?«

Ich glaube, ich bin liebessüchtig. Seit meinem elften Lebensjahr (inzwischen bin ich, w, schon neunzehn) war ich immer wieder in ältere Frauen verliebt. Es handelt sich um Frauen, mit denen ich nie zusammen sein kann, vor allem Lehrerinnen und Dozentinnen. Meine Verliebtheit hat jedes Mal etwas Obsessives. Ich werde vielleicht nicht gerade zur Stalkerin, bin aber kurz davor. Ehrlich gesagt komme ich mir verrückt vor, wenn ich diesen unerreichbaren Frauen nachjage, außerdem halten meine Phantasien mich vom Daten ab. Ich habe Angst, dass ich niemals eine gesunde, stabile Beziehung führen und für immer ein Psycho bleiben werde.

Ich möchte meinem Rat eine glasklare Tatsache voranstellen: Wenn wir Teenager sind, spielen sich einige der wichtigsten Beziehungen allein in unserem Kopf ab. Der Fremde im Bus, mit dem wir verheiratet sind, bis er an seiner Haltestelle aussteigt; die Dozentin, die zur Protagonistin unserer Masturbationsphantasien wird; der entfernte Verwandte, den wir alle paar Jahre beim Geburtstag der Urgroßtante sehen und daraufhin »Date mit Cousin zweiten Grades in GB legal?« googeln – sie alle spielen während unserer Adoleszenz die romantische Hauptrolle. Und wenn wir Jahre später auf diese Phantasiebeziehungen zurückblicken, haben sie in unserer Erinnerung seltsamerweise fast das gleiche Gewicht wie damals in unserem Leben. Obsession, Vorstellungskraft und aufkeimende Sexualität ergeben einen berauschenden Cocktail. Du bist kein Psycho. Ich würde mich eher wundern, von einer Neunzehnjährigen zu hören, die sich *nicht* für liebessüchtig hält.

Unabhängig davon ist dein Verhaltensmuster interessant und verdient es, eingehender betrachtet zu werden. Indem du unerreichbare Frauen erwählst, sicherst du dir einen ganz besonderen Singlestatus – du kannst die potenziellen Freiheiten der Jugend und des Ungebundenseins nicht auskosten, weil du mit den Qualen der unerwiderten Liebe beschäftigt bist.

Dafür gibt es natürlich eine Reihe von einfachen Erklärungen. Vielleicht bist du bindungsängstlich, was für eine Neunzehnjährige vollkommen verständlich wäre. Vielleicht bist du von deinem Alltag gelangweilt und entwirfst deswegen sprühende Phantasiewelten. Vielleicht hast du an Beziehungen unmöglich hohe Erwartungen und möchtest sie lieber in Gedanken und mit einer unerreichbaren Person ausleben, sodass deine Bedürfnisse auf einseitige Art befriedigt werden.

Du könntest ein wenig tiefer graben und auf die Möglichkeit stoßen, dass du keine Verbindung im echten Leben suchst, weil du Nähe fürchtest. Was bedeutet das eigentlich? Lass mich viele teure Therapiesitzungen in einem

Satz zusammenfassen: Nähe heißt, als ganzer Mensch gesehen und geliebt zu werden und einen anderen Menschen ganz zu sehen und zu lieben. Falls das heftig klingt, liegt es daran, dass es heftig ist. Bevor man sich einem anderen Menschen zeigen kann, muss man erst einmal wissen, wer man ist. Vielleicht bist du noch dabei, es herauszufinden. In dieser Phase würde ich die Selbsterkundung zu meiner obersten Priorität machen.

Weil romantische Obsessionen einer Partie Monopoly mit der eigenen Zeit und dem eigenen Verstand gleichen – was okay ist, solange es für dich okay ist –, solltest du jedoch im Auge behalten, ob sie irgendwann an deinem Selbstwert kratzen. Du musst dich nicht verändern, um geliebt zu werden; weder ist an dir etwas falsch, noch ziehst du diese unerwiderten Schwärmereien besonders an. Gib dich den Phantasien hin, falls sie dir einen Kick verschaffen, aber versuche, sie im richtigen Licht zu sehen. Lass nicht zu, dass Unsicherheit und Erschöpfung zu deiner natürlichen Geisteshaltung werden.

Vermutlich hängst du dich auch deshalb an diese unerreichbaren Frauen, weil du die Realität ausblenden möchtest. Und warum auch nicht? Du bist gerade erst erwachsen geworden und glaubst wahrscheinlich, dass die Realität viele Enttäuschungen bereithält. Du hast vollkommen recht! Solange du dir klarmachst, dass deine Obsession kein Modell für eine liebende, respektvolle, belastbare Beziehung ist, kann ich in deinen Phantasien nichts Schlimmes erkennen. (Trotzdem solltest du nicht einfach bei Leuten aufkreuzen. Denk an sie und schreib Tagebuch, google dir die Finger wund und suche ihren Namen in

Kombination mit »Alter«, »verheiratet«, »nackt«, »Vermögen«. Deine Entscheidung.)

Dass du dir Gedanken machst und dich sorgst, deine Verliebtheit könnte deine Aussichten auf eine echte Beziehung schmälern, zeugt von einer Selbsterkenntnis, die vielen Menschen fehlt. Aus deiner Nachricht geht klar hervor, dass du für dein Verhalten und deine Gefühle Verantwortung übernimmst; folglich kümmerst du dich jetzt schon gut um dein zukünftiges Ich. Zwischen dem Moment, in dem man eine schlechte Gewohnheit erkennt, und dem, in dem man sie abstellt, besteht fast immer eine zeitliche Lücke. Wenn du willst, kannst du sie nutzen, um dich hemmungslos auszuleben. Genieß die Intensität, das Drama und die Verrücktheit deiner Obsessionen, solange du noch die Energie dazu hast. Denn glaub mir, eines Tages wirst du feststellen, dass du dich ausgetobt hast.

Liebe Dolly: »Wie kann ich aufhören, eine Übergangsfreundin zu sein?«

Ich bin eine »Übergangsfreundin«. Ich bin die Frau, mit der er zusammen ist, bevor er die Richtige findet und sich für immer bindet. Wie schaffe ich es, eine richtige Beziehung zu führen, statt immer wieder in »Situationships« zu geraten? Gerade hat mir ein Mann, mit dem ich mich seit sechs Monaten treffe, die Aussage »Ich möchte keine Beziehung, aber ich verbringe gern Zeit mit dir« um die Ohren gehauen. Dabei war er derjenige, der sich verhalten hat wie in einer festen Partnerschaft! Ich habe es so satt, die Unkomplizierte zu spielen. Seine Freunde finden mich bestimmt sehr cool und entspannt, aber ehrlich gesagt ist mir das egal. Immer habe ich das Gefühl, auf die Entscheidung des Mannes warten zu müssen, und wenn er sich dann entscheidet, ist es gegen mich.

Verwirrt in Clapham

(Bitte wahre meine Anonymität. Ich weiß nämlich, dass er ein Times*-Abo hat.)*

Zunächst einmal möchte ich dir versichern, dass ich sehr viele Frauen zwischen fünfundzwanzig und fünfunddreißig kenne, denen dieses Dating-Muster vertraut vorkommt. Sie bebrüten einen Mann in einer offensichtlichen, aber unausgesprochenen Partnerschaft, bis er ihnen nach ein paar Monaten mitteilt, er sei noch nicht bereit, sich festzulegen. Und ein Jahr später postet er dann auf Instagram ein Foto von sich an einem Strand in Dubai. Die Frau an seiner Seite hält eine Hand in die Kamera und die Bildunterschrift lautet: »Bei ihr werfe ich doch glatt meinen Hut in den *Ring*!!!!«

Meine allumfassende Dating-Theorie besagt, dass die meisten Männer theoretisch wie Singles leben wollen, in der Praxis aber nur schlecht damit zurechtkommen. Diese pauschale Aussage wird durch den Ödipuskomplex gestützt, dessen Erklärung den Rahmen dieser Kolumne sprengen würde, deshalb also in aller Kürze: Viele Männer halten sich für einen Single, während sie in Wahrheit von einer Kurzzeitscheinbeziehung in die nächste hüpfen. Das Ganze ähnelt einem irren Gefühls-Parkour, und auf ihrem jämmerlichen kleinen Abenteuer stiften sie bei jeder neuen Landung Verwirrung. Dann eines Tages sind sie plötzlich müde und bleiben auf dem Dach sitzen, wo sie zuletzt gelandet sind. Schlechtere Manieren gibt es beim Dating nicht. Im Vergleich dazu sind Männer, die sehr deutlich sagen, dass sie nicht mehr zu bieten haben als eine Nachricht pro Woche und vielleicht eine Ansteckung mit Herpes – nur meine Meinung – wahre Ritter.

Hier ist eine ärgerliche Wahrheit über die Liebe. Sie ist unromantisch, unbefriedigend und unfair, aber vielleicht kann sie dir helfen zu verstehen, warum dir immer wieder dasselbe passiert: Wenn zwei Menschen beschließen, eine Beziehung einzugehen, spielt ihre Kompatibilität nur eine untergeordnete Rolle. Ich weiß, wie lächerlich das klingt.

Eigentlich könnte es ganz einfach sein: Hey, wir sind beide Single, wir mögen einander sehr, also lass es uns versuchen. Aber nein. Die Sache ist viel komplizierter. Nicht nur, dass man jemanden kennenlernen muss, den man mag und der einen auch mag; beide müssen an einem bestimmten Punkt der Verfügbarkeit angekommen sein. Über diese Bereitschaft entscheidet unser Verstand, dennoch reden wir uns ein, sie würde uns von unserer Vergangenheit, der Zukunft und einem ominösen Gesetz des Timings diktiert.

Jeden Tag kommen Tausende potenziell glücklicher Beziehungen *nicht* zustande, weil eine der beiden Parteien entschieden hat, jetzt sei nicht der richtige Zeitpunkt dafür. Wenn das Taxischild eines Menschen nicht leuchtet, kann man ihn unmöglich davon überzeugen, es einzuschalten. Und man sollte es auch gar nicht – das wäre eine unfaire Forderung und demütigend für einen selbst. Niemand ist gezwungen, gegen seinen Willen eine Beziehung einzugehen.

Ich vermute, dass du auf Männer triffst, deren Schild ausgeschaltet ist, die sich aber benehmen, als wäre das Gegenteil der Fall, weil sie eine Runde mit dir drehen möchten. Du kannst im Grunde nur eins tun und von vornherein klar machen, dass du eine Beziehung suchst. Hab keine Angst, du könntest dein Gegenüber damit überfordern – wirst du nicht. Es ist die verantwortungsvolle Art zu daten und führt hoffentlich dazu, dass du schon in der Anfangsphase merkst, ob jemand wirklich verfügbar ist, statt deine Zeit zu verschwenden und dir unnötigen Herzschmerz zu bereiten.

Ich habe noch eine zweite Erklärung, die vielleicht interessant für dich ist: Triffst du dich mit Männern, deren letzte wichtige Beziehung weniger als zehn Monate her ist? Denn damit manövrierst du dich automatisch in die Rolle der Übergangsfreundin. Wenn du einen frisch getrennten Mann kennenlernst, sollest du dir gut überlegen, ob du wirklich deine Zeit in ihn investieren willst. Das ist hart, denn Menschen, die sich gerade aus einer schmerzhaften Beziehung gelöst haben, wirken oft unwiderstehlich, weil sie sich in einer quirligen und befreiten Lebensphase befinden. Sie bestellen schon beim ersten Date Schnaps, besuchen Pop-up-Bars auf Parkplätzen und kaufen auf der Suche nach batteriebetriebenem Zweipersonenspielzeug den Sexshop leer. Erschwerend kommt hinzu, dass sie das Leben als Single nicht gewohnt sind, sich schnell einlassen und die Intimität aus ihrer alten Beziehung einfach in die neue weitertragen.

Aber die meisten Menschen betrachten die erste Liebelei nach einer Trennung als eine Art Urlaub, in dem sie zu allem ja sagen können, ohne wirklich Verantwortung zu übernehmen. Egal, wie gut ihr euch versteht – er wird eure Beziehung als etwas Endliches betrachten, und du, tut mir leid, es sagen zu müssen, wirst für ihn immer nur Lanzarote bleiben. Erinnere dich an die letzten Männer, die du gedatet hast, und frag dich, ob sie frisch getrennt waren. Das könnte die Antwort sein – vielleicht warst du, ohne es zu wollen, der Sandstrand, auf dem sie zwischen ihrer letzten Beziehung und der nächsten relaxt haben.

Und zuletzt hilft es dir vielleicht zu erfahren, was ich nach vielen Jahren der Feldforschung gelernt habe: Die schlimmsten Männer von London wohnen in Clapham. Vielleicht solltest du umziehen. Falls du zu sehr am Common und der hohen Dichte von Gail's Bakerys hängst, beschränkst du dich eben auf den Park und die Rosinenbrötchen und suchst die Liebe woanders.

Liebe Dolly: »Ich verliebe mich in jeden Mann, den ich kennenlerne. Wie kann ich damit aufhören?«

Ich verliebe mich in jeden. Wenn ein Kollege nett zu mir ist und dann auf ein Date mit einer anderen geht, fühle ich echten Liebeskummer. Wenn ich auf einer Party von niemandem angeflirtet werde, betrachte ich den Abend als einen Reinfall. Wenn ich einen gutgelaunten Kunden bediene, kann ich nur daran denken, ob er nach meiner Handynummer fragen wird, und wenn er es dann nicht tut, spüre ich einen Schmerz in der Brust. Nach nur einer Unterhaltung mit einem Fremden male ich mir unsere gemeinsame Zukunft aus. Jeder Song und jeder Film erinnert mich an einen Ex oder irgendeinen Typen, mit dem ich mal auf einem Date war. Wie kann ich damit aufhören, mich unsterblich in jedes x-beliebige männliche Wesen zu verknallen?

Möchtest du die gute oder die schlechte Nachricht zuerst hören? Da ich selbst eine von der Sorte »Das Glas läuft fast über« bin, würde ich mich immer für die gute Nachricht entscheiden. Also schön, die gute zuerst.

Die gute Nachricht: Deine Vorstellungskraft sprengt dein Gehirn wie eine Singlebrautjungfer das eine Nummer zu kleine Kleid. Was für eine Gabe! Ich weiß, im Moment fühlen deine Zwangsvorstellungen sich peinlich an, doch du ahnst wahrscheinlich nicht, dass sie sich als Superkraft erweisen können. Du bist in der Lage, körperlich in dieser Welt zu bleiben, während dein Geist auf Wanderschaft geht und vollkommen andere Sphären bereist. Während du am Postschalter in der Warteschlange stehst, bist du in der Karibik. Du bist schockverliebt, weil deine Hand die des außergewöhnlich heißen Kassierers gestreift hat. Allein kraft deiner Gehirnmasse entwirfst du ganze Paralleluniversen, führst Unterhaltungen, schmückst Charaktere aus und erfindest Beziehungen zwischen Fremden. Du bist eine Architektin der Phantasie! Eine Herrin der imaginierten Welten!

Was wirst du mit all diesen Geschichten anfangen? Du könntest sie malen oder aufführen. Notiere sie als private Gedankensammlung, oder mach einen Song daraus. Du könntest sie in ein Word-Dokument oder eine Drehbuchvorlage tippen und dir vorstellen, was aus den Begegnungen in deinem Leben hätte werden können, wären die Umstände nur andere gewesen. Ich kann dir diese Vorgehensweise nur wärmstens empfehlen. Du wirst eine Menge Spaß haben.

Und nun zur schlechten Nachricht. So schön eine Phantasie auch ist und wie wichtig für unsere seelische Gesundheit – sie sollte niemals wichtiger sein als die Realität. Die Szenen in deinem Kopf sollten nicht mehr Bedeutung haben als die in deinem Leben. Mach deinen Selbstwert und dein Glück nicht von einem Menschen abhängig, den du kaum kennst. Deine Tagesform sollte nicht durch die Decke schießen oder abstürzen, je nachdem, ob ein Fremder dir ein bisschen Aufmerksamkeit schenkt oder nicht. Falls es so ist, hast du ein Problem.

Vielleicht bist du einfach nur schnell gelangweilt und brauchst etwas Abwechslung in deinem Leben. Das muss nichts Drastisches sein, aber vielleicht könntest du nach anregenden Alternativen Ausschau halten. Ich persönlich habe die Erfahrung gemacht, dass nichts einen verlängerten Tagtraum mit Timothée Chalamet effektiver stört als ein aus allen Nähten platzender Terminkalender. Hast du die Möglichkeit, dich in ein kreatives Projekt zu stürzen? Einen Kurs zu belegen? Etwas Neues zu lernen? Eine Dating-App runterzuladen? Dich aktiv um neue Bekanntschaften zu bemühen? Zu sparen und eine Reise zu planen?

Falls du nicht gelangweilt bist, leidest du vielleicht unter einem geringen Selbstwertgefühl. Wenn du dich jede Woche mehrmals künstlich verliebst, wirst du anfällig für künstlichen Liebeskummer. Das Wort künstlich verwende ich mit Bedacht, weil ich weiß, dass sich diese Begegnungen aufgrund deiner ausgeprägten Vorstellungskraft superintensiv anfühlen, und das ist eine echte Tatsache. Aber ich fürchte, du könntest nach der imaginierten Zurückweisung ebenso süchtig sein wie nach der imaginierten Sehnsucht. Falls ja: Warum? Könnte es sein, dass du, indem du Geschichten über Männer erfindest, auch deine eigene Geschichte schreibst? Hast du entschieden, dass du niemals die Liebe finden wird? Bist du auf der Suche nach Hinweisen, die deine Theorie stützen, damit du dir weiterhin einreden kannst, du hättest keine Liebe verdient?

Du wirst wahrscheinlich immer eine Person bleiben, die sich in romantischen Hirngespinsten verliert. Das ist okay. Zu träumen ist schön. Aber du solltest dich mit diesen Tagträumen weder quälen noch sie als Beweis dafür nehmen, dass du es nicht verdient hast, zurückgeliebt werden. Jedes Mal, wenn du dich auf einen dieser Phantasiemänner fixierst, verliebst du dich in deine eigenen Vorstellungen. Das hat mit Liebe oder echten Verbindungen nichts zu tun. Es geht dabei um niemanden außer dich.

Ganz offensichtlich hast du sehr viel Liebe zu geben, und eines Tages wirst du jemanden kennenlernen, der sie wirklich verdient hat. Er wird echt und hier sein, und du wirst ihn hemmungslos lieben dürfen. Du wirst jede einzelne seiner Sommersprossen kennen, und in deinem Küchenschrank wird immer eine Schachtel seiner Lieblingscornflakes stehen. Endlich wirst du all diese Lionel-Richie-Songs verstehen, und deine kopflose, geile, obsessive, wunderschöne Liebe wird ein Ziel haben. Verbring also nicht zu viel Zeit in deiner Phantasie, sonst verpasst du ihn vielleicht.

Liebe Dolly: »Ich habe Angst, dass ich Hunde mehr liebe als Männer«

Ich mache mir Sorgen, ich könnte unfähig sein, eine gelungene, tiefe Beziehung einzugehen. Ich war fünfzehn Jahre mit einem netten, zuvorkommenden Mann verheiratet, den ich kennengelernt habe, als ich jung und naiv war. Ich dachte, ich sei verliebt. Wir hatten viele glückliche Jahre, in denen wir unsere Kinder großgezogen haben, außerdem hatten wir immer Hunde. Doch in unserer Partnerschaft gab es eine gewisse Leere und in meinem Herzen eine Einsamkeit. Ich hatte immer das Gefühl, dass unsere Hunde mich besser verstehen als er.

Seit unserer Trennung hatte ich zwei neue Beziehungen, die erste mit einem Mann, der zunächst perfekt wirkte. Er besaß einen lieben, schon älteren Hund, der sich gut mit meinen beiden Hunden verstand. Zwei Jahre lang war alles gut. Dann starb sein Hund, und ich fing fast sofort an, mich über meinen Partner zu ärgern. Ohne Hund fand ich ihn nicht mehr attraktiv. Er hatte keine Lust, mich auf Hundespaziergänge zu begleiten, und anscheinend hatten wir nichts mehr gemeinsam.

Die zweite Beziehung hielt achtzehn Monate. Ich war sehr verliebt in den Mann und glaubte wirklich, wir würden gut zusammenpassen. Er hat zwei Hunde. Nach einer längeren Zeit, die wir während des Lockdowns getrennt waren, hatte ich mich sehr darauf gefreut, ihn wiederzusehen, aber ich muss zugeben, dass mir bei der Ankunft in seinem Haus nicht seinetwegen warm ums Herz wurde, sondern wegen seiner Hunde, die auf mich zugestürmt kamen. Im Vergleich zu ihm und seinen komplizierten Gefühlen erscheint mir ihre Liebe so ehrlich und direkt.

Kann ein Mann mir jemals diese bedingungslose Liebe und das blinde Verständnis schenken, wie ich es von einem Hund bekomme? War ich immer nur in die Hunde verliebt, nicht in die Halter? Sollte ich bei der nächsten Beziehung darauf achten, dass der Mann keinen Hund besitzt?

Hier gibt es alles Mögliche aufzudröseln.

Meiner Ansicht nach brauchst du nicht zu befürchten, du könntest beziehungsunfähig sein. Du schreibst von drei Partnerschaften; eine davon dauerte fünfzehn Jahre und es gingen Kinder daraus hervor. Deine Sorge ist wohl eher, du könntest keine Beziehung in der nötigen Tiefe eingehen – eine Tiefe, die sich im Umgang mit Hunden sofort einstellt. Aber ich glaube, im Grunde bist du nicht auf der Suche nach Tiefe, sondern Unkompliziertheit.

Damit wir uns richtig verstehen: Ich liebe Hunde. Wenn ich auf einer Party einen Hund entdecke, gehe ich hin. Ich bin im Regent's Park vor einem besonders süßen Golden Retriever auf die Knie gesunken, als wäre er der Papst. Ich verbringe viel Zeit auf der Webseite des Tierheims von Battersea. Ich kann dich verstehen. Aber Menschen, die behaupten, sie zögen die Gesellschaft von Hunden der von Menschen vor, haben mich immer schon misstrauisch gemacht. Wie du schreibst, ist die Liebe eines Hundes bedingungslos, doch sie hat nichts mit der bedingungslosen Liebe zu tun, wie sie zwischen Menschen möglich ist. Unsere Haustiere hängen an uns, weil wir sie versorgen; weil wir ihnen in ihrer Welt vertrauter sind als andere Menschen. Und wir lieben unsere Haustiere, weil unser Verhältnis so unkompliziert ist und eher durch körperliche Gesten gestaltet wird als durch Gespräche. Vor allem geben sie niemals Widerworte.

Ich frage mich, ob du dich auf der Suche nach Romantik genau danach sehnst. Nach jemandem, der gehorcht, dir Tag und Nacht seine Zuneigung zeigt, dich nie zur Introspektion zwingt und vor dem du dein Handeln nicht rechtfertigen musst. Ich verstehe den Reiz einer solchen Dynamik, doch sie außerhalb eines SM-Rollenspiels zu leben, wird schwierig. Wenn ich richtig gerechnet habe, bist du mittleren Alters, und wenn du nicht gerade auf der Suche nach einem Toyboy bist, könnte ein Mann jenseits der fünfzig, der schweigsam und unerschütterlich devot ist, gar nicht so leicht zu finden sein.

Aber möglicherweise wünschst du dir gar keinen neuen Partner. Ich kenne jede Menge Frauen, die in einer Langzeitbeziehung mit Kindern waren und sich getrennt haben, sobald der Nachwuchs aus dem Haus war, oder deren romantische Neigungen sich in Luft auflösten, sobald sie allein lebten. Es ist, als hätten sie viele Jahre lang die Liebe gesucht, gefunden und am Leben erhalten; als die Kinder kamen, sind sie vor Liebe fast geplatzt, aber nun hat es sich für sie ausgeliebt. Falls das auch auf dich zutrifft, solltest du dir keine Gedanken machen. Du solltest die neue Lebensphase genießen, in der du dich, wenn du abends nach Hause kommst, um niemanden kümmern musst als um dich und deine Hunde.

Falls du dir doch eine Beziehung wünschst, solltest du dir ehrlich überlegen, welche Eigenschaften dir wichtig sind. Anscheinend schätzt du deine Kompatibilität mit Männern falsch ein, weil du dich von dem ablenken lässt, was wir fortan die »Hundesache« nennen wollen. Es ist ein Leichtes, Tierliebe als Zeichen für besondere moralische Reinheit überzubewerten. Bloß weil jemand tierlieb ist, heißt das noch lange nicht, dass er sich seinen Mitmenschen gegenüber empathisch zeigt. Denke nur an Morrissey. Zu deinen Hunden wäre er absolut nett, trotzdem solltest du ihn nicht daten.

Wenn du jemanden kennenlernst, egal ob Hundehalter oder nicht, solltest du darauf achten, ihn wirklich und unabhängig von der Hundesache kennenzulernen. Nur so kannst du dir ein klares Bild davon machen, wie er wirklich ist. Über den konkreten Fall hinaus glaube ich, dass wir alle dazu neigen, gemeinsame Interessen als Indikator dafür zu nehmen, ob eine Beziehung funktionieren wird. Geteilte Leidenschaften und Hobbys können eine gemeinsame Sprache und eine gemeinsame Freizeitgestaltung erleichtern, aber ich bezweifle, dass sie eine grundsolide Basis für die Liebe sind. Ein Partner sollte dich zum Lachen bringen und dich anmachen. Du solltest das, was er denkt und sagt, interessant finden. Wenn ihr allein seid, sollte seine Gesellschaft dir einen Kick verschaffen.

Aber ich würde zu gerne wissen, wie deine Hunde darüber denken.

Liebe Dolly: »Ich bin Feministin – warum finde ich Machos so anziehend?«

Ich bin weiblich, neunundzwanzig und nach einer langen Beziehung seit drei Jahren dabei, meine Sexualität zu erforschen. Was bisher hauptsächlich bedeutete, mit »coolen« und »heißen« Typen zu schlafen, die unerreichbar oder emotional nicht verfügbar waren. Vor kurzem ist es mir während einer Therapiesitzung wie Schuppen von den Augen gefallen: Ich fühle mich fast nur von Frauenhassern sexuell angezogen. Ironischerweise bin ich überzeugte Feministin. Frauenhasser stehen für alles, was ich am Patriarchat verabscheue. Wie kann ich es schaffen, diese Anziehung zu überwinden und stattdessen die »netten« Männer sexy zu finden?

Hallo! Herzlich willkommen! Wie schön, dass du da bist. Bitte nimm dir ein Gratis-Begrüßungsgetränk und begib dich zu den anderen verwirrten Feministinnen in Veranstaltungssaal drei, wo in fünf Minuten das erste Seminar des heutigen Tages starten wird: »Wie werde ich mich *wirklich* fühlen, wenn mir auf der Straße niemand mehr hinterherpfeift?«

Sei nicht so streng mit dir. Viele Frauen mit Selbstachtung fechten diesen inneren Kampf aus. Gott weiß, warum. Für einige ist es eine Frage des Selbstwerts, also der unbewusste Glaube, eine freundliche Behandlung nicht verdient zu haben. Andere haben sich vielleicht so sehr daran gewöhnt, zum Objekt gemacht zu werden, dass sie nur noch das als romantisches Interesse deuten. Manche verwechseln diese Art von Interesse mit Liebe. Und wir anderen stehen vielleicht deshalb auf schreckliche Männer, weil wir ohne unser Wissen und gleich nach unserer Geburt bei einer Sekte namens Patriarchat angemeldet wurden. Ihre Werte sind so destruktiv und nachhaltig, dass wir, wenn wir austreten wollen, eine längere Zeit zum Umdenken brauchen.

Doch es gibt einen sicheren Ort für solche Bedürfnisse. Man kann sie ins Reich der Phantasie verbannen. Man kann sich einen respektvollen Partner wünschen, und dazu kann man sich wünschen, dass er sich im Bett respektlos zeigt. Dass du dir beides wünschst, macht dich weder zur Heuchlerin noch zur schlechten Feministin. Überhaupt ist es kein Zeichen von Verwirrung. Es bedeutet nur, dass du eine Frau mit sexuellen Vorlieben bist. Einige davon verstehst du, andere nicht.

Ich persönlich bin der Meinung, dass wir alle das Recht haben, unsere sexuelle Identität zu genießen und zu erkunden, auf eine sichere, legale, einvernehmliche Weise und unbelastet von Schuldgefühlen und Neurosen. Ich denke, die wenigsten von uns brauchen eine eingehende Analyse ihrer Vorlieben und Gewohnheiten. Man muss eine sexuelle Neigung nicht verkomplizieren, indem man ihren Ursprüngen auf die Schliche kommen will (es sei denn, man möchte das unbedingt). Und wer es genießt, im Bett objektifiziert oder gar gedemütigt zu werden, sollte eine sichere Möglichkeit dazu finden und sich deswegen kein schlechtes Gewissen machen lassen.

In der ersten Phase deines jungen Erwachsenenlebens hast du dich an einen Sexualpartner gebunden. Dass du nun etwas Neues ausprobieren willst, ist vollkommen verständlich. Vielleicht fühlst du dich zu gefährlichen und undurchschaubaren Männern hingezogen, weil du zuvor in einer liebevollen Beziehung warst. Vielleicht fühlt es sich nach einem so sicheren und verlässlichen Lebensabschnitt aufregend an. Ich frage mich auch, ob du gern Single bist und dich deswegen an Männer hältst, die für eine langfristige Beziehung nicht infrage kommen oder sich grundsätzlich nicht binden wollen.

Falls dem so ist, könntest du dir selbst gestatten, in der nächsten Zeit Single zu bleiben und es zu genießen. Du brauchst dich weder dafür zu schämen, noch solltest du beim Gedanken an eine zukünftige Liebesbeziehung in Panik ausbrechen. Du hast eine stabile Zweierbeziehung mit einem geeigneten Partner geführt und wirst in der Lage sein, die Erfahrung zu wiederholen. Wenn du noch nicht dafür bereit bist, kannst du weiterhin zwanglos daten und wechselnde Partner haben, solange du dir oder anderen nicht schadest. Lad eine Dating-App runter, sag klar und deutlich, was du willst und suche Gleichgesinnte, die ebenfalls nur einen Flirt wünschen, dabei aber nett zu dir sind. Und bitte, bitte glaub mir eines: Nicht nur die fiesen Typen wissen, was eine Frau erregt.

Dass du dir Gedanken darüber machst, was deine Partnerwahl über deine Werte aussagt, ist toll, aber du brauchst deine Sexualität nicht moralisch zu bewerten. Was wir in

Gedanken sexy finden, ist oft das Gegenteil von dem, was wir uns im echten Leben wünschen, und Grenzüberschreitungen und Tabus gehören in diesen Bereich. Ehrlich gesagt sollte jeder Mensch das Recht haben, seine Sexualität von seinen Werten zu trennen, solange alle Beteiligten einverstanden sind und Spaß dabei haben.

Wichtig ist, deinen Wunsch nach Objektifizierung oder sexueller Unterwerfung nicht mit dem Wunsch nach einem frauenhassenden oder dominanten Partner zu verwechseln. Ich weiß, dass du das weißt, aber nur für den Fall, dass du eine kleine Erinnerung brauchst: Auch du hast es verdient, dass man dir zuhört, dich bewundert und unterstützt, sich um dich kümmert, dich ernst nimmt und wertschätzt. Dafür musst du dein sexuelles Begehren nicht opfern. Um es einfacher zu formulieren: Du brauchst einen netten, entspannten, respektvollen Freund, der sich im Bett in einen dreckigen Perversen verwandelt. Solche Männer gibt es. Ich wünsche dir viel Spaß dabei, einen zu finden.

Liebe Dolly: »Soll ich es aufgeben, charismatische Männer zu daten, und mich stattdessen auf einen netten Kerl einlassen?«

Letztes Jahr endete meine kurze Beziehung abrupt, als der Mann, dem ich bis dahin angeblich die Welt bedeutet hatte, mir sagte, er müsse Schluss machen, weil er eventuell auf Reisen gehen werde. (So viel dazu!) Aber für mich war er wirklich etwas Besonderes, vor allem mit seinen vierundzwanzig Jahren. Er macht sich viele Gedanken, sammelt Kristalle (auf die er sehr stolz ist), engagiert sich im Job und geht an den Wochenenden trotzdem feiern. Ich mochte ihn wirklich gern. Neulich habe ich ihn abends in der Stadt gesehen und beschlossen, ihm zu schreiben. Nicht bloß, dass keine Antwort kam – er hat mich auf allen Kanälen blockiert. Das hat sehr wehgetan, und seither hänge ich in einer Gedankenschleife fest und frage mich: »Soll ich es aufgeben, charismatische Männer zu daten, und mich stattdessen auf einen netten Kerl einlassen?«

Viele liebe Grüße
Quarter Life Crisis

Falls die Pandemie etwas Gutes gebracht hat, dann die Gewissheit, dass auch unsere Exfreunde gerade eine schwere

Zeit durchmachen. Niemand spricht darüber, aber es ist ein helles Licht am Ende des Tunnels, das ich an dieser Stelle kurz feiern möchte. Früher bestand die theoretische Möglichkeit, dass der Ex gerade in irgendeinem fernen Hotelzimmer einen Dreier mit Miss Schweden und Miss Brasilien erlebt, aber jetzt kann man sich ziemlich sicher sein, dass er allein zu Hause sitzt, *Chernobyl* schaut und wieder mal Penne mit Fertigsauce isst. Liebe Quarter Life Crisis, es freut mich, dass aus den Reiseplänen deines Ex in diesem Jahr nichts wurde, und noch mehr freut es mich, dass er in seiner Wohnung festsitzt und niemand ihm Gesellschaft leistet als seine Kristallsammlung.

Zunächst zu den Kristallen. Wir sollten sie zu unserem Ausgangspunkt machen. Ich frage mich, warum du in deiner liebevollen Beschreibung des Mannes vor allem auf seine Kristallsammlung hingewiesen hast, und wie stolz er darauf ist. Die Eigenschaften, die du ihm anhängst, lesen sich wie eine Figurenbeschreibung aus einem Drehbuch: »DAN, 24, grüblerisch, ehrgeizig, aber dem Feiern trotzdem nicht abgeneigt, nippt an seinem doppelten Espresso und starrt gedankenverloren in einen Amethyst.« Vielleicht bist du romantisch veranlagt, was toll ist, unter Umständen aber auch dazu führt, dass du den Charakter anderer Menschen überhöhst und überanalysierst, um sie zu passenden Figuren in deinen selbstentworfenen Zukunftsszenarien zu machen.

Dass der Mann Kristalle sammelt und sich beruflich engagiert, sagt nichts darüber aus, was für ein Mensch er ist oder wie er dich in einer längeren Beziehung behandelt hätte. Ich frage mich, ob du die Warnsignale übersehen hast, weil seine vielen Interessen, die ihn in deinen Augen als passenden Partner erscheinen ließen, dich abgelenkt haben. Das soll keine Entschuldigung für sein unterirdisches Verhalten sein, ich will die Schuld keinesfalls auf dich schieben, aber ich denke, wenn du deine potenziellen Partner zukünftig genauer unter die Lupe nimmst, kannst du dich besser vor Liebeskummer schützen. Wer dazu neigt, Beziehungen zu überromantisieren, ist voller Hoffnung und Zuversicht, und dagegen ist nichts einzuwenden. Aber man sollte sich seiner Tendenzen bewusst sein und damit umgehen können, denn nur so ist man in der Lage, einen Bogen um Verletzungen zu schlagen.

Das ist natürlich leichter gesagt als getan, vor allem in einem Alter, in dem die meisten Leute ihre Persönlichkeit auf Social Media zur Schau stellen und sich bewerten lassen wie gewerbliche Dienstleister. Wenn man einen Menschen kennenlernt, ist es wichtig, sich auf seine Lebensrealität zu fokussieren, nicht auf seine Selbstdarstellung. Wie spricht er mit dir? Wie spricht er über andere? Stimmen seine Taten mit seinen Worten überein, oder bleibt es am Ende bei leeren Versprechungen?

Gleichzeitig gibt es natürlich keine Garantie dafür, dass hyperaufmerksames Beobachten eine hundertprozentige Absicherung bringt. Menschen, die eigentlich ganz okay sind, können sich in romantischer Hinsicht trotzdem als grausam und egoistisch entpuppen. Auch diejenigen, die monatlich für einen guten Zweck spenden, können ihre Partner betrügen. Bloß weil ein Mann die tastenden, beseelten Songtexte von Bob Dylan aus den späten Sechzigern mag, muss er dich noch lange nicht anhimmeln wie

Dylan die Frau in »Lay Lady Lay«. Selbst ein einfühlsamer Junge mit Kristallsammlung kann dich abservieren, deine Nachrichten ignorieren und dich auf allen Kanälen blockieren.

Ich will damit sagen, dass sich ein Mensch nur selten über Äußerlichkeiten wie Vorlieben und Gewohnheiten erfassen lässt. Beim Daten sollte man idealerweise offenbleiben, vor allem mit Anfang oder Mitte zwanzig. Sei neugierig darauf, wie jemand wirklich ist, und lass dich überraschen, wer sich am Ende als Match erweist. Angeblich ist Selbsterkenntnis der Schlüssel zu wahrer Zufriedenheit, aber ich finde, wir sollten sie nicht zum Allheilmittel erheben. Sich und andere Menschen in einem Satz zu beschreiben, kann die eigene Entwicklung zum Erliegen bringen, deshalb solltest du absolute Aussagen darüber vermeiden, wer du bist oder wie dein perfekter Partner sein muss. Ich weiß, dass man sich mit einem Storyboard für das eigene Leben ein Gefühl der absoluten Kontrolle über die Zukunft verschaffen kann, aber dieses Gefühl wird trotz aller Bemühungen immer eine Illusion bleiben.

Du brauchst dich auf niemanden einzulassen. Genieße es, viele unterschiedliche Menschen kennenzulernen und alle möglichen Begegnungen und Beziehungen zu erleben. Versuche, die Männer nicht als Karikaturen ihrer selbst zu sehen, die entweder nett und langweilig oder charismatisch und gefährlich sind. Meine Freundin Lauren ist seit über zehn Jahren in einer festen Beziehung und hat das Beste geschrieben, was ich je über die dauerhafte Liebe gelesen habe: »Nicht der Spaß fehlt, sondern die Angst.« Behalte den Satz im Hinterkopf, wenn du die große Liebe suchst – jemanden, der Spaß in dein Leben bringt statt Angst. Mit dem du gern zusammen bist. Der dir das Gefühl gibt, lebendig, sicher und verstanden zu sein. Das sind die Kriterien, auf die du Wert legen solltest. Der ganze Rest ist gar nicht so wichtig.

Freundschaft

1. **Dating**
2. **Freundschaft**
3. **Beziehungen**
4. **Familie**
5. **Sex**
6. **Trennungen**
7. **Körper & Seele**

Liebe Dolly: »Ich brauche Hilfe dabei, mit einer Freundin Schluss zu machen«

Ich brauche Hilfe dabei, mit einer Freundin Schluss zu machen. »Emma« und ich sind seit unserer Kindheit befreundet. Inzwischen sind wir Mitte zwanzig und wohnen seit etwa einem Jahr zusammen. Der Mietvertrag läuft noch einmal genauso lange, aber ich glaube, danach möchte ich mich räumlich und mental von ihr distanzieren. Es gab keinen schlimmen Streit, eher eine lange und unangenehme Serie von Reibereien, Sticheleien und passiv-aggressiven WhatsApp-Nachrichten, die mich an diesen Punkt gebracht haben. Während meiner Trennungen, bei Ärger im Job oder Geldproblemen hat sie mir immer den Rücken gestärkt, aber ich glaube trotzdem, dass mein Leben ohne unsere Freundschaft friedlicher und einfacher wäre. Ich weiß selbst nicht genau, was zwischen uns schiefgelaufen ist. Schulde ich ihr eine Erklärung? Wäre es falsch, sie einfach zu ghosten?

Ich erteile meinem Umfeld ungebetenen Rat, seit ich sprechen kann, und bin nun seit knapp über vier Monaten als Kummerkastentante tätig. Jede Woche schickt die Redaktion mir eine Auswahl an Zuschriften, aus denen ich wählen muss, und ich fasse diese Zuschriften in einem

Word-Dokument zusammen. Es gibt die konkreten Fragen (»Soll ich meinem Ex etwas Selbstgemachtes aus meinem Töpferkurs schicken?«), Fragen, deren Antwort aus einem Wort besteht (»Soll ich mir einen Pony schneiden lassen?«), und Fragen, die jede Woche in einem neuen Gewand daherkommen. Und immer meldet sich eine Frau, die sich Gedanken darüber macht, wie sie mit einer guten Freundin Schluss machen soll.

Ich schreibe das, weil es sich hier um ein Freundschaftsproblem handelt, das weitverbreitet, aber mit großen Schuldgefühlen belastet ist. Wahrscheinlich fürchten wir, dass das Ende einer Freundschaft immer auch ein Scheitern bedeutet, wo es doch in Wahrheit für Freiheit steht. Wenn eine Freundschaft mit den beiden daran beteiligten Menschen nicht mehr reifen und sich verändern kann, werden sie ihr wahrscheinlich entwachsen. Das bedeutet nicht, dass sie früher keine Bereicherung war, genauso wenig entwertet es die Erinnerungen. Eure Freundschaft und eure gemeinsame Geschichte ist an sich eine Leistung (von der Kindheit bis Mitte zwanzig – das ist länger als die durchschnittliche Dauer einer Ehe). Vielleicht bringt sie euch einfach nichts mehr.

Doch bevor du dir eine Exit-Strategie überlegst, solltest du ein paar forensische Überlegungen anstellen. Du schreibst, du weißt nicht, warum ihr euch auseinandergelebt habt, aber der zeitliche Ablauf lässt vermuten, dass eure Probleme erst im Zusammenleben aufgetreten sind. Die von dir genannten Punkte – Streitereien, passiv-aggressive Kommunikation via WhatsApp – riechen nach häuslichem Kleinkrieg. (Ich habe sieben Jahre in einer WG gewohnt und kenne diese Nachrichten zu gut. »Hey, habe eben mein Marmite-Glas aus dem Schrank genommen und eine fremde Messerspur entdeckt!!! Könnte jemand die Sache bitte aufklären???«) Vielleicht hast du keine schlechte Freundin, sondern eine schlechte Mitbewohnerin. In dem Fall würdet ihr nach einer räumlichen Trennung ganz ohne Diskussionen zu einem entspannteren, respektvolleren Verhältnis zurückfinden. Einige Freundschaften halten dem WG-Alltag einfach nicht stand. Ich habe viele geliebte Menschen in meinem Leben, aber es gibt nicht genug Marmite unter der Sonne, um mir mit ihnen eine Wohnung zu teilen.

Falls du dir absolut sicher bist, dass eure Freundschaft einen natürlichen Endpunkt erreicht hat, würde ich mir eine große Abschiedsrede allerdings sparen. Gespräche, in denen die eine Person der anderen im Grunde nur sagt, was an ihr alles nicht stimmt, wirken traumatisierend. Jeder, dem schon einmal erklärt wurde, warum man mit ihm nicht befreundet sein kann, wird bestätigen, dass einen so etwas nie ganz loslässt (danke, ********* *****, für das Pausengespräch damals in der zehnten Klasse). Die Tatsache, dass du nicht genau sagen kannst, warum ihr euch entfremdet habt, deutet darauf hin, dass das Ganze beidseitiger sein könnte, als du glaubst – die Dynamik in einer Langzeitbeziehung ändert sich nur selten, ohne dass beide etwas davon mitbekommen.

Was nicht bedeutet, dass du sie ghosten solltest. Das wäre gemein und feige. Stattdessen schlage ich dir eine subtile und allmähliche Phase der Abkühlung vor, die sich nach einer WG-Auflösung ohnehin oft von selbst ergibt.

Wenn deine Freundin verletzt ist und Antworten verlangt, solltest du ehrlich sein. Bleib freundlich und erklär ihr, welche Veränderungen du in eurer Freundschaft wahrgenommen hast, statt nur über ihre vermeintlichen Fehler zu reden. Sag ihr, dass du alles wertschätzen kannst, was sie dir gegeben hat, aber dennoch findest, eure Freundschaft habe sich totgelaufen. Sollte sie anderer Meinung sein, ergibt sich die Gelegenheit, über eure Gefühle zu sprechen und abermals klar zu kommunizieren.

Obwohl ich nicht finde, dass du eine Freundschaft zu jemandem aufrechterhalten solltest, der dich unglücklich macht, möchte ich dir empfehlen, vor einer endgültigen Trennung für Veränderungen offen zu sein. Freundschaften können sich, statt ganz zu enden, auch wandeln und erholen. Vielleicht werdet ihr euch in Zukunft weniger nah sein, vielleicht wirst du sie nur noch zweimal im Jahr auf eurer jeweiligen Geburtstagsparty sehen. Eine gemeinsame Vergangenheit allein reicht nicht aus, um eine Freundschaft zu erhalten, aber vielleicht wirst du sie mehr zu schätzen wissen, je älter du wirst. Und eines Tages stellst du vielleicht überrascht fest, dass du jetzt ausgerechnet diese Frau anrufen willst. Dann seid ihr vielleicht keine besten Freundinnen mehr, freut euch aber trotzdem, voneinander zu hören.

Liebe Dolly: »Meine Freundinnen verdienen alle mehr als ich, und ich kann nicht mithalten«

Ich habe ein paar gute Freundinnen, die ich schon seit der Schulzeit kenne. Irgendwann haben sie angefangen, mehr Geld zu verdienen als ich. Was bedeutet, dass sie sich Wohneigentum, Restaurantbesuche und teure Reisen leisten können, während ich mir das Geld ständig einteilen muss und Mühe habe, mit ihrem Lebensstil Schritt zu halten. Ich möchte weiterhin mit ihnen befreundet sein, aber ich schäme mich, weil ich mir nicht immer das Gleiche leisten kann wie sie und mich abgehängt fühle. Was soll ich tun?

Vor Jahren hat sich eine meiner besten Freundinnen bereit erklärt, sich mit einem alten Freund auf ein Bier in Soho zu treffen. Meine Freundin war damals Mitte zwanzig und nicht unbedingt arm, aber sie bezog ein bescheidenes Gehalt. Wenn sie ausging, musste sie ihr Budget wegen der hohen Lebenshaltungskosten in London immer im Auge behalten. Besagter Freund hatte einen Job beim Theater, und während des Abends bekam er eine Nachricht von einem Schauspieler, der ihn einlud, sich einem Treffen in einem Pizza Express anzuschließen. Meine Freundin konnte es sich eigentlich nicht leisten, essen zu gehen, willigte aber dennoch ein, um den Abend nicht so abrupt enden zu lassen. Die beiden wurden von einem lärmenden Tisch voller Regisseure und Schauspieler empfangen, darunter der *Twilight*-Star Robert Pattinson. Weil meiner Freundin klar war, dass sie sich finanziell übernommen hatte, bestellte sie nur einen Teller Pizzabrötchen und ein Glas Leitungswasser. Irgendwann kam die Rechnung – und sollte unter allen aufgeteilt werden. Meine Freundin wusste, sie hatte nicht mehr genug Geld auf dem Konto, um ihren Anteil zu bezahlen, wollte aber aus Angst, wie eine Spaßbremse dazustehen, keine getrennte Bezahlung vorschlagen. Sie verzog sich auf die Toilette, erlitt einen Nervenzusammenbruch und beschloss, dass es das Klügste wäre zu behaupten, sie habe ihre Bankkarte verloren. Und während sie dort im bläulichen Schimmer der Pizza-Express-Lampen saß und Robert Pattinson freundlicherweise die Kosten für ihr Abendessen – acht Pizzabrötchen – übernahm, fragte sie sich, wie sie in eine solche Lage hatte geraten können.

Dass du versuchst, deiner Freundesgruppe unangenehme Gespräche zu ersparen, spricht für deine Gutmütigkeit, aber du solltest dich nie, niemals dazu gedrängt fühlen, in Sachen Lebensstil mit anderen »mitzuhalten«. Du solltest dich nicht dafür schämen, dass du weniger verdienst als deine Freundinnen. Es zu betonen ist eigentlich überflüssig, aber das Einkommen und der sich daraus ergebende Lebensstil sind nicht immer Anzeichen für Talent oder Fleiß. Die Verteilung hochbezahlter Jobs hängt auch von vielen anderen Faktoren ab: Privilegien, Timing und manchmal dem puren Glück. Das dürfen wir nie vergessen, unabhängig von unserem eigenen Gehalt, und wir sollten uns der verschiedenen Einkommensniveaus innerhalb einer Freundesgruppe bewusst bleiben, damit niemand sich beschämt oder ausgeschlossen fühlt.

Ich bin mir sicher, dass deine Freundinnen ganz wunderbare Menschen sind und entsetzt wären zu erfahren, wie blind sie für deine Sorgen waren. Wahrscheinlich haben sie, da sie sich alle in einer ähnlichen Einkommensgruppe befinden, dasselbe für dich vorausgesetzt. Oder sie haben eine Zeit lang zu gut verdient und vergessen, was es bedeutet, sich Gedanken über den Preis eines Pizzabrötchens machen zu müssen.

Geld ist ein heikles Thema, selbst unter Leuten, die sich eigentlich nahestehen. Trotzdem muss man darüber reden. Mit zunehmendem Alter habe ich gelernt, dass man beim Thema Geld Missverständnisse und Ärger am einfachsten vermeidet, indem man ein sehr offenes Grundsatzgespräch führt und die Sache damit aus der Welt schafft. Die meisten Probleme werden durch das Unausgesprochene verursacht. Falls innerhalb einer Familie oder Freundesgruppe Geld verliehen wird, braucht es (naturgemäß unbequeme) ehrliche Absprachen darüber, wie das Ganze ablaufen soll, und danach kann man sich wieder anderen Dingen zuwenden. Um einen gemeinsamen Urlaub zu einer angenehmen Erfahrung zu machen, sollten alle sich vorher überlegen, was sie sich leisten können und was nicht. Ich glaube, für dich und deine Freundinnen steht genau diese Art von Gespräch an.

Ich kann nachvollziehen, wie demütigend sich so eine Unterhaltung vielleicht anfühlt, denn eigentlich solltest du deine Finanzen mit niemandem besprechen müssen außer deinem Steuerberater; aber am Ende wird sie dich ungemein entlasten. Du brauchst nur zu sagen, dass du gern deine Zeit mit deinen Freundinnen verbringst, dir aber klar geworden ist, dass sie mehr Geld zum Ausgeben übrig haben als du und dass ihr, wenn ihr weiterhin Dinge zusammen unternehmen wollt, euch auf kostengünstigere Aktivitäten beschränken solltet.

Vielleicht werden sie dir anbieten, das eine oder andere für dich zu übernehmen. Ob du dich damit wohlfühlst, kannst nur du allein wissen. Falls nicht, solltest du dich darauf einstellen, dass sie manche Sachen zukünftig ohne dich machen. Ich finde das in Ordnung, wenn es hin und wieder geschieht; sie dürfen sich über ihr gutes Einkommen freuen und brauchen deswegen kein schlechtes Gewissen zu haben. Trotzdem sollten sie versuchen, auf gemeinsame, für alle bezahlbare Unternehmungen wert zu legen.

Vor allem sollten sie bedenken, dass nicht die Höhe der Kosten einen Abend oder einen Urlaub erinnerungswürdig macht, sondern die daran beteiligten Menschen. Einige meiner glücklichsten Erinnerungen haben so viel gekostet wie eine Dominos-Pizza daheim auf dem Sofa oder eine Dose Bier am Strand. Es macht Spaß, mit lieben Freundinnen im Luxus zu baden, aber allzu wichtig ist es nicht. Und wenn sie gute Menschen sind, werden sie das verstehen.

Liebe Dolly: »Meine beste Freundin hat mich nicht als Brautjungfer ausgesucht«

Meine beste Freundin hat mich nicht zu einer ihrer sechs Brautjungfern gemacht – wie könnte ich mich darüber nicht aufregen? Es ist bitter einzusehen, dass sie mir viel mehr bedeutet als ich ihr. Ich weiß, dass hinter der Auswahl der Brautjungfern oft taktische oder diplomatische Gründe stehen, aber es fällt mir schwer, die Sache nicht persönlich zu nehmen.

Ich habe eine Freundin, nennen wir sie Jill, die einmal ihre Hochzeit planen musste. Als es daran war, die Brautjungfern zu benennen, fühlte sie sich verpflichtet, eine Freundin einzuladen (nennen wir sie Anne), zu der sie seit Jahren kaum noch Kontakt hatte. Jill hatte das Gefühl, dass der Ausschluss von Anne auf eine riesige Konfrontation hinauslaufen würde, was sie nicht wollte, schließlich hatte sie die Freundschaft ohnehin schon abgeschrieben. Anne zur Brautjungfer zu machen, war die einfachste Option. »Vielleicht sehe ich sie bei der Hochzeit zum letzten Mal«, erklärte Jill niedergeschlagen. Sie achtete darauf, dass Anne bei den Fotos immer am äußersten Rand der Brautjungfernreihe stand, damit sie sie später aus den Bildern entfernen konnte. Die anderen Brautjungfern nannten Jills Hochzeit insgeheim »Annes Abschiedsparty«.

Ich erzähle diese Geschichte nicht, weil ich dein Verhältnis zu deiner Freundin mit dem von Anne und Jill gleichsetzen will, sondern weil sie zeigt, welche immense Bedeutung wir der Rollenverteilung bei einer Hochzeit zuschreiben. Kein Wunder, handelt es sich hier doch um eine öffentliche Bewertung der mit dem Paar befreundeten Menschen. Wir alle haben schon einmal nervös auf die Einladung in den engsten Kreis (Trauzeugin, Patentante) gewartet. Wir alle wissen, wie weh es tut, in die zweite Reihe abgeschoben zu werden (»Du bist etwas ganz Besonderes für uns, deswegen bitten wir dich zu moderieren / einen Psalm vorzulesen / die Ringe zu bringen«). Wir Ledigen und Kinderlosen (ähem) ärgern uns nicht selten über das Privileg des Brautpaars, seine Freundschaften in Kategorien einteilen zu dürfen; wir fragen uns, was es dazu sagen würde, wenn wir vor einer Geburtstagsfeier unterschiedlich wichtige Aufgaben im Freundeskreis vergeben und die Verteilung davon abhängig machen würden, wie sehr wir die jeweilige Person mögen.

Ich würde dir gern versichern, das Ganze hätte nichts zu bedeuten, aber natürlich bedeutet es etwas, und ich kann verstehen, warum du verletzt bist. Aber wie du bereits weißt, geht es bei Hochzeiten oft taktisch, kompliziert und chaotisch zu.

Über Eheschließungen habe ich eins gelernt: Wenn die Feier besonders groß ausfällt, wird sie für gewöhnlich nicht vom Brautpaar finanziert. Und wenn sie nicht vom Brautpaar finanziert wird, hat es in vielen Punkten kein Mitspracherecht. Was wiederum bedeutet, dass willkürlich ausgewählte Menschen beim großen Tag plötzlich eine wichtige Rolle spielen. Hat der Bräutigam beispielsweise eine Schwester, stutze ich jedes Mal darüber, wie selbstverständlich sie bei der Hochzeitsfeier und den vorausgehenden Events in den Vordergrund rückt. Ihre Rolle ist nebulös, trotzdem wird sie prompt in den Stand einer Brautjungfer erhoben. Ich möchte nicht verallgemeinern, aber meiner Erfahrung nach ist diese Schwester fast immer eine eher ungehobelte Frau mit einem eigenen Onlineshop für gehäkelte Broschen. Mit der Braut hat sie wenig bis gar nichts zu tun, trotzdem wird sie während des Junggesellinnenabschieds und der Hochzeitsfeier an ihr kleben wie eine Klette.

Zudem besteht die Möglichkeit, dass deine Freundin, wenn sie dich zur Brautjungfer wählen würde, verpflichtet wäre, auch noch andere Freundinnen zu fragen, mit denen sie ähnlich gut befreundet ist wie mit dir oder die zu eurer Clique gehören. Ich habe von vielen Bräuten gehört, dass dieser Punkt ein echtes Problem darstellt, denn wer wünscht sich schon Brautjungfern in zweistelliger Zahl? Sie fürchten, das Amt zu entwerten, wenn die Gruppe der Brautjungfern am Ende so groß ist wie ein Hockeyteam.

Eine weitere Möglichkeit (und die tut ein bisschen weh) ist, dass sie dich aus vorgeschobenen Gründen für unfähig hält, eine gute Brautjungfer zu sein. Ich kannte einmal eine Frau, die sich von ihrer besten Freundin sagen lassen musste, sie käme als Brautjungfer nicht infrage, weil sie »zu viel Aufmerksamkeit« auf sich ziehen würde (sie ist überaus charismatisch, trinkfest und sehr fotogen). Ich sage nicht, das wäre fair oder richtig, aber wir sollten nicht vergessen, welchen Druck manche Frauen sich machen, weil sie sich eine perfekte Hochzeit wünschen und eine perfekte Braut sein wollen, und wie sehr das ihr Urteilsvermögen verzerrt.

Und ja, falls du sie immer als eine deiner potenziellen Brautjungfern betrachtet hast, bist du womöglich enger mit ihr befreundet als sie mit dir. Was mich zu den nächsten Fragen bringt: Behandelt sie dich gut? Versteht und unterstützt sie dich? Könnt ihr zusammen lachen? Falls die Antwort in allen Fällen ja lautet, kann dir egal sein, dass ihr einander einen unterschiedlichen offiziellen Rang zuschreibt. Das ist in Ordnung! Vielleicht hat sie einfach nur mehr und ältere Freundschaften als du. Was nicht bedeutet, dass sie dich nicht mag. Und es sollte nichts daran ändern, welchen Platz sie in deinem Herzen hat.

Und immerhin hat die Sache einen Vorteil: An dem Tag hast du frei! Du bist nicht verpflichtet, schon im Morgengrauen Kisten mit Teelichtern zum Veranstaltungsort zu schleppen. Kein Blumenkranz! Schmeiß dich in ein hinreißendes Outfit, trink die von den Eltern bezahlte Bar leer und vergiss nicht, mit der Braut zu tanzen, denn anscheinend bedeutet sie dir sehr viel.

Liebe Dolly: »Wie kann ich meine Singlefreundinnen unterstützen, wenn ich in einer Beziehung bin?«

Die Hälfte meiner Freundinnen ist Single, die andere in festen Händen. Ich bin irgendwo dazwischen, Mitte zwanzig und seit drei Jahren glücklich liiert. Meine Frage an dich lautet: Wie kann ich meine Singlefreundinnen unterstützen? Eine davon hat mir neulich erzählt, sie wolle unseren Freundinnen (wir sind fünf, vier davon gebunden) nichts von ihrer letzten Trennung erzählen, weil sie sich im Vergleich wie eine Versagerin vorkommt. Mir hat das fast das Herz gebrochen. Bevor ich meinen Freund kennenlernte, war ich lange Single, und ich kann mich noch sehr gut an das Gefühl erinnern. Was kann ich sagen oder tun, um ihr zu helfen?

Ich kannte nie besonders viele Singles. Fast alle meine besten Freundinnen sind seit ihren Zwanzigern in einer festen Beziehung, während ich den größten Teil meines Lebens allein verbracht habe. Im Laufe der Jahre mussten wir alle lernen (und sind immer noch dabei), wie wir einander unterstützen können, auch wenn unsere Lebensentwürfe voneinander abweichen. Glücklicherweise habe ich vergebene Frauen um mich herum, die ich in Ermangelung eines passenderen Begriffs meine Single-Alliierten nennen möchte: Obwohl ich kaum etwas von dem habe, was sie verbindet, schätzen sie meine Lebensumstände nicht geringer als ihre eigenen. Allein dass dir bewusst ist, wie herausfordernd das Singledasein manchmal sein kann und du dich fragst, wie du deine Freundin unterstützen kannst, macht dich schon zu einer guten Freundin. Die meisten Singlefrauen wären froh, jemanden wie dich in ihrem Leben zu haben.

Ich glaube, bei Freundschaften zwischen Singles und Nichtsingles wird oft übersehen, wie wichtig es ist, dass beide im Leben der jeweils anderen gleich präsent sind. Den großen Meilensteinen (Hochzeit, Hauskauf, Kinder) wird in unserer Kultur eine so hohe Bedeutung beigemessen, dass die Betroffenen fast automatisch ins Zentrum der Freundesgruppe rücken.

Natürlich ist es für Singles eine Ehre, diese Ereignisse mit geliebten Freundinnen zu feiern und am häuslichen Glück der anderen teilzuhaben. Jedoch fühlen sie sich schnell isoliert, wenn ihre Begeisterung und ihr Interesse nicht erwidert werden. Du solltest dir dieser Balance innerhalb deiner Freundschaften bewusst bleiben, denn – glaube mir – ansonsten wird sich die Waage immer zugunsten der Person neigen, die in einer festen Beziehung ist.

Wann immer deine Singlefreundin mit dir und deinem Freund essen geht, solltest du dafür sorgen, dass noch jemand mit dabei ist, mit dem sie sich gut versteht, ihre Lieblingskollegin vielleicht oder ihre Schwester. Auf jeden ihrer Besuche in eurem gemeinsamen Zuhause sollte ein Gegenbesuch in ihrer WG oder ihrer Singlewohnung folgen. Falls du eines Tages Kinder hast und sie vorbeikommt, um mit ihnen zu spielen, solltest du dir überlegen, auf welche Weise du ihr ähnlich viel Aufmerksamkeit schenken kannst.

Außerdem wäre es ein Leichtes, deine Privilegien anzuerkennen. Du bist nicht privilegierter als sie, nur weil du einen Partner hast, trotzdem gehst du anders durch die Welt, die leider immer noch auf Menschen in Beziehungen ausgelegt ist. Was nicht bedeutet, dass Letztere es immer leicht hätten, doch fühlen Singles sich schnell ausgegrenzt. Ich kann dir gar nicht sagen, wie sehr es mich freut, wenn eine meiner verheirateten Freundinnen diese Tatsache anerkennt. So wie deine Singlefreundinnen hoffentlich mitfühlend reagieren, wenn du von den üblichen Paarproblemen berichtest (Streit, Sexflauten, schwierige Schwiegereltern usw.), solltest du ihnen bei ihren Singleerlebnissen zur Seite stehen. Denn genau das ist Empathie – wirklich zuzuhören und anschließend zu versuchen, sich in die Lage des Gegenübers zu versetzen.

Neulich habe ich eine Sprachnachricht von einer engen Freundin bekommen, die seit ewigen Zeiten mit ihrem Freund zusammenlebt. Sie war wütend, weil eine Freundin von ihr in London auf Wohnungssuche ist und festgestellt hat, dass ihr Gehalt nicht einmal für eine Einzimmerwohnung in Zone 4 reicht. »Sie ist jetzt siebenunddreißig und muss bei irgendwelchen Leuten einziehen, die sie über eine Webseite kennengelernt hat, bloß weil sie keinen Freund hat«, keifte sie. »Das ist ja so UNGERECHT.«

Ein paar schnelle Tipps: Wenn man Single ist, allein lebt und krank wird, kann man sich schrecklich einsam fühlen. Frag sie in dem Fall nicht, ob du irgendwas tun kannst, sondern bring ihr einfach eine Suppe vorbei. Wenn du Samstagabend nicht ausgehen willst (was vollkommen in Ordnung ist), gönn ihr einen lustigen Abend mit ihren Singlefreundinnen und triff dich unter der Woche mit ihr. Erzähle deinem Freund nichts weiter, was deine Singlefreundin dir unter vier Augen anvertraut hat, denn das wäre ein enormer Verrat. Schlechte Zeiten sind für alle gleich schlecht, aber wenn man niemanden hat, mit dem man feiern kann, können auch gute Zeiten schwierig sein, also stelle sicher, dass sich jemand mit ihr freut. Frag nach, mit wem sie ihren Geburtstag verbringt, besonders wenn ihre Familie weit entfernt lebt.

Manche Dinge im Erwachsenenleben fühlen sich für partnerlose Menschen überwältigend an: ein Umzug, die Pflege eines Verwandten, ernste medizinische Behandlungen. In der Lage ist es vielen Leuten unangenehm, ihre Freunde um Hilfe zu bitten aus Angst, es könnte so aussehen, als hätten sie ihren Alltag nicht im Griff. Behalte etwaige Umbrüche in ihrem Leben im Auge und biete ihr deine Hilfe an, bevor sie dich darum bitten muss.

Liebe Dolly: »Meine beste Freundin möchte schwanger werden und sagt, unsere Freundschaft muss sich ändern, weil ich zu viel trinke«

Meine beste Freundin möchte schwanger werden und hat mir vor kurzem gesagt, unsere Freundschaft werde sich ändern müssen, hauptsächlich weil ich ihrer Ansicht nach zu viel trinke. Seither herrscht Funkstille, und ich weiß nicht, was ich tun soll. Ich unterstütze ihr Vorhaben, aber dass sie glaubt, ich müsse mich ändern, verletzt mich.

Ich weiß nicht, wie viel du trinkst oder ob dein Alkoholkonsum dein Leben auf eine negative Weise beeinflusst, deshalb kann ich deiner Freundin weder beipflichten noch ihr widersprechen. Aber du schreibst nicht, dass du dein Trinken problematisch findest, und auch nicht, dass andere Freundinnen ihrer Meinung sind. Also gehe ich jetzt einfach mal davon aus, dass du jemand bist, der freitagabends gern ein paar Bier zu viel trinkt und nicht ein paar Flaschen Likörwein am Montagmorgen. In dem Fall geht es hier wahrscheinlich weniger um dich als um sie.

Was du beschreibst, ist in meinen Augen gar nicht so ungewöhnlich für eine Frau, die eine Familie gründen will. Es klingt eher so, als hätte deine Freundin sich unglücklich ausgedrückt. Ein Kinderwunsch ist ein Urtrieb, und Urtriebe verleiten uns zu untypischem Handeln (was auch meine Entschuldigung für die Liebesgedichte ist, die ich vor vielen Jahren über Charlie von der Band Busted geschrieben habe). Ich habe Frauen kennengelernt, die sich während der Schwangerschaft und auch schon in der Zeit davor bewusst in ein Umfeld zurückgezogen haben, das möglichst ruhig und sicher war. Oft ging das mit veränderten Lebensgewohnheiten einher, was manchmal eine Distanzierung von bestimmten Bekannten mit sich bringt. Es handelt sich um einen Instinkt, der dem Selbstschutz dient und für den ich Verständnis habe. Ich verstehe aber auch, dass es verletzend sein kann, wenn man zu den Betroffenen zählt, gerade so, als wäre der eigene, fröhliche Lebenswandel abstoßend oder sogar gefährlich (wobei ich aus Erfahrung sagen muss, dass ein nachmittägliches Glas Wein mit einer guten Freundin selbst für die hingebungsvollsten Mütter zu den Höhepunkten ihrer Elternzeit gehörte). Du solltest dich bemühen, ihre Bitte nicht persönlich zu nehmen, und du musst ein ehrliches Gespräch mit ihr führen.

Wenn sie sagt, sie mache sich Sorgen um dein Trinkverhalten, meint sie vielleicht, dass sie sich Sorgen um ihr eigenes Trinkverhalten macht, wenn ihr zusammen seid. Vielleicht möchte sie keine Zeit mehr mit dir verbringen, weil sie eure gemeinsamen Abende mit Alkohol assoziiert, den sie derzeit nicht trinken möchte. In dem Fall kannst und musst du auf sie Rücksicht nehmen. Dennoch sollte sie einen Weg finden, dich nicht für ihr Verhältnis zum Alkohol verantwortlich zu machen. Dass sie dich zur inoffiziellen Stellvertreterin aller bösen Dinge macht und damit zur unerwünschten Person, wäre wirklich unfair.

Ob sie dir sagt, eure Freundschaft müsse sich ändern, ist nicht dasselbe, wie dir zu sagen, du müsstest dich ändern. Wenn sie sich in dieser neuen Lebensphase gemütliche, unspektakuläre und alkoholfreie Treffen mit dir wünscht, finde ich das nicht unvernünftig. Du wirst einer Schwangeren oder einer frischgebackenen Mutter ja kaum vorschlagen, einen Rave zu besuchen und sich dort ein Gramm Ketamin mit dir zu teilen. Es könnte gut sein, dass eure Jahre der »Abendessen um fünf Uhr nachmittags in einer Giraffe-Filiale« nun offiziell eingeläutet wurden. Sie werden anders sein, aber nicht notwendigerweise weniger innig – so etwas geschieht eben, wenn man erwachsen wird. Sicher hast du noch genug andere Freundinnen, die mit dir feiern wollen, also geh stattdessen mit ihnen aus.

Vielleicht möchte sie deinen Lebensstil auch deshalb ändern, um sich zu vergewissern, dass ihre Entscheidung für ein Kind die richtige war. Während ich älter werde, fällt mir das immer öfter auf: Wir wünschen uns, dass unsere Freundinnen einen ähnlichen Weg einschlagen wie wir und uns damit signalisieren, dass wir das Richtige tun. Doch diesem Wunsch nach Uniformität sollten wir widerstehen. Nicht nur, dass Uniformität kein Beweis dafür ist, dass wir gut entschieden haben; Freundschaften wären etwas sehr Langweiliges, wenn wir alle denselben Lebenswandel pflegen würden.

Es wäre wahrscheinlich lohnenswert, ihr klarzumachen, wie sehr du diese riesige und aufregende Veränderung gutheißt, und gleichzeitig darauf zu beharren, dass sie nicht von dir erwarten kann, dein Leben an ihren persönlichen

Entscheidungen auszurichten. Hoffentlich würdest auch du so etwas nicht von ihr verlangen. Frauen sollten das Recht haben, ihr Leben so zu gestalten, dass es für sie funktioniert, und niemand sollte diese verschiedenen Lebensstile an einer Werteskala messen.

Zu erleben, wie aus der besten Freundin eine Mutter wird, ist eine magische Erfahrung. Vielleicht eröffnen sich Perspektiven auf ihre Persönlichkeit, von denen du nichts geahnt hast, und damit auch ein neues Kapitel eurer Freundschaft. Diese Anpassung erfordert Anstrengungen von beiden Seiten, aber die Mühe und Toleranz werden sich lohnen. Nichts ist besser investiert als die Zeit, die wir in eine womöglich lebenslange Freundschaft stecken. Wenn sie den Alkohol aus ihrem Leben verbannen will, ist das schön für sie, aber es wäre in ihrem eigenen Interesse, nicht auch gleich ihre Freundin zu verbannen. Die Liebe zu einem Baby ist lebensverändernd, aber ein Baby kann keine Freundinnen ersetzen. Und von denen wird deine Freundin in den nächsten achtzehn Jahren so einige brauchen.

Liebe Dolly: »Der Mann meiner Freundin hat mir ein unsittliches Angebot gemacht. Soll ich ihr davon erzählen?«

*Neulich hat der Mann meiner Freundin mir ein unsittliches Angebot gemacht, und nun weiß ich nicht, ob ich ihr davon erzählen soll. Das Ganze passierte, als ich nach einem Abend im Pub ein paar Freunde zu mir nach Hause einlud. Der Mann meiner Freundin kam auch mit, und er war noch keine zwei Minuten in meiner Wohnung, als er mich fragte, ob ich f***** wolle. Ich war schockiert, beschämt und angewidert und habe ihn sofort rausgeworfen. Seither bekniet er mich, seiner Frau nichts davon zu sagen. Ich bin mir fast sicher, dass er einfach nur betrunken war und so etwas nie wieder wagen würde. Aber was, wenn er es bei einer anderen versucht? Ich möchte ihr davon erzählen, habe aber Angst, sie könnte mir dann die Freundschaft kündigen. Hilfe!*

O Gott. Aus diesem Stoff sind Albträume gemacht. Du Arme. Ich bin froh, dass du dir den nächsten Schritt so gut überlegst. Ich persönlich glaube nicht, dass es in einem Fall wie diesem eine eindeutige Antwort gibt. Bevor du mit deiner Freundin redest oder dich entschließt, die Sache für dich zu behalten, gibt es so viele Faktoren zu bedenken. Meine allgemeine Regel lautet, dass romantische Beziehungen komplex und privat sind und andere im Großen und Ganzen nichts angehen. Gestatte mir also, mich hier mit all meinen *Meinungen* einzuschalten.

Zunächst solltest du dir ein paar Fragen stellen. Erstens: Wie eng bist du mit der Frau befreundet? Ich möchte nicht klingen wie auf dem Pausenhof einer Grundschule, aber ist sie:

a. deine beste Freundin?
b. eine sehr gute Freundin?
c. die Freundin einer guten Freundin?
d. eine Kollegin, die du seit einem Jahr kennst und mit der du dich angefreundet hast, und als es darum ging, ihr eine Smarties-Geburtstagstorte zu besorgen, hast du dich darum gekümmert; aber wenn eine von euch beiden die Firma verlässt, würdet ihr euch wahrscheinlich nie wiedersehen?
e. eine Bekannte, mit der du dich alle drei Monate zum Abendessen triffst?
f. eine Frau, der du auf Partys begegnest und zu der du sagst: »Wir sollten mal essen gehen«, es dann aber nie dazu kommt?

Solange die Antwort nicht a, b oder c lautet, würde ich nicht einmal daran denken, mit ihr zu sprechen. Eine solche Information wäre wie eine Handgranate, die du in ihre Ehe wirfst, und sie würde die Konsequenzen noch jahrelang zu spüren bekommen. Willst du wirklich die Frau mit der Handgranate sein? Und wenn du mit den beiden als Paar nicht enger bekannt bist, hast du keine

Möglichkeit, sein Angebot einzuordnen. Was mich zur zweiten Frage bringt.

Wie betrunken war er? Hast du ihn schon zuvor betrunken erlebt? Ich bin keine sonderlich engagierte Anwältin der Betrunkenen (auch wenn du etwas anderes gehört hast), aber genauso wenig glaube ich blind an die Theorie, im Wein liege die Wahrheit. Ich denke, es hängt von der jeweiligen Person ab. In manchen Fällen liegt im vino in der Tat eine Menge veritas. Nur deswegen streiten sich so viele gute Freundinnen ausgerechnet an einem Feiertag um vier Uhr nachmittags auf einer Picknickdecke, neben der dreiunddreißig leere Roséflaschen liegen. Aber manche Leute sind im betrunkenen Zustand tatsächlich wie ausgewechselt. Sie reden Müll und meinen nichts davon. Könnte es sein, dass die Frage dieses Mannes aus dem Nichts kam und nichts zu bedeuten hatte? In dem Fall würde ich sagen: abhaken.

Was für ein Mensch ist er normalerweise? Wie ist er nüchtern? Ist er ein guter Partner? Unterstützt er seine Frau? Ist sie glücklich? Macht die Ehe einen stabilen Eindruck? Wäre es, wenn du ihn über die Jahre immer nur als liebevollen und netten Ehemann kennengelernt hast, wirklich fair, die Beziehung wegen eines betrunkenen Aussetzers zu zerstören? Oder glaubst du, dass dieser Aussetzer beweist, wie er wirklich tickt? War der von dir beschriebene Vorfall ein kleiner Ausrutscher, oder ist da die ganze Maske verrutscht?

Und meine letzte Frage: Könntest du dir vorstellen, mit *ihm* zu reden? Wäre es nicht, bevor du dich mit Spekulationen verrückt machst, besser, ihn direkt anzusprechen und auf diesem Weg zu einer Antwort zu gelangen? Könntest du ihm einen Spaziergang oder ein Treffen zum Kaffee vorschlagen, ihm in die Augen sehen und abschätzen, ob er die Wahrheit sagt? Vielleicht ist es nicht das Richtige für dich, vielleicht bringt es dich in eine unangenehme Lage oder gibt dir sogar das Gefühl, deine Freundin zu hintergehen, wofür ich Verständnis hätte. Doch vielleicht ist es deine einzige Möglichkeit, einen Hinweis zu bekommen und zu entscheiden, was du als Nächstes tun wirst. Unabhängig davon, ob du mit ihm sprichst, würde ich dir dringend raten, die Sache für dich zu behalten oder höchstens einer einzigen, vertrauenswürdigen Freundin zu erzählen. Oder der Kummerkastentante einer überregionalen Zeitung. Sicher willst du nicht, dass euer Bekanntenkreis über sie tratscht und sie auf Umwegen davon erfährt.

Wie du völlig zu Recht anmerkst, besteht die Möglichkeit, dass er grundsätzlich untreu ist und sein Annäherungsversuch nur ein Hinweis auf das, was noch kommt. In dem Fall wäre es deine Pflicht, deine Freundin zu informieren. Aber selbst dann wären die Konsequenzen nicht leicht zu ertragen. Vielleicht verzeiht sie ihm, und dann stehst ausgerechnet du als die Böse da. Vielleicht macht sie mit ihm Schluss, fühlt sich aber zu gedemütigt, um weiterhin mit dir befreundet zu bleiben. Vielleicht wäre es das Richtige, ihr alles zu erzählen, aber das erfordert Mut und Überzeugung. Falls du dich für diesen Weg entscheidest, solltest du nicht vergessen, dass die Wahrheit zwar befreiend wirken kann, vorher aber ein ziemliches Chaos verursacht.

Liebe Dolly: »Sobald es um Geld geht, wird meine beste Freundin ziemlich geizig«

Ich habe seit neun Jahren eine beste Freundin. Wir haben uns immer super verstanden. Aber sobald es ums Geld geht, wird sie geizig. Sie verdient bedeutend viel mehr als ich und unsere anderen Freundinnen (ich weiß das, weil sie sehr oft über Geld spricht), zögert aber nie, verliehenes Geld sofort zurückzuverlangen, egal wie klein die Summe war. Nie gibt sie als Erste eine Runde aus, und sie versucht bei jeder Gelegenheit, sich ums Bezahlen zu drücken. Als Freundin bedeutet sie mir wirklich viel, aber langsam habe ich den Eindruck, dass ihr Geiz unsere Beziehung belastet. Sollte ich sie darauf ansprechen oder sogar die Freundschaft beenden?

Ach ja. Die knauserigen Freunde. Wir alle kennen sie. Es handelt sich hier um einen der unvermeidlichen Nachteile des Erwachsenwerdens. Während der Teenagerjahre, der Schulzeit und des Studiums spielt unser Verhältnis dazu keine Rolle, beziehungsweise lässt es sich leichter verbergen, doch sobald alle zu arbeiten anfangen und sich eine Wohnung und ein Leben einrichten, wird es zum Thema: Geld. Gespräche über Geld und Geldmangel, den Wunsch nach mehr, die Unfähigkeit, damit umzugehen, die Enttäuschung darüber, dass einige mehr davon besitzen als andere. Man lernt die finanziellen Gewohnheiten seiner Bekannten kennen, und oft stehen sie in einem Widerspruch zu ihrer Persönlichkeit. Manche verschenken großzügig ihre Zeit und ihre Liebe, knausern aber mit ihrem Geld. Andere, die man als vorsichtig und zugeknöpft kennt, haben überhaupt kein Problem damit, es großzügig unter die Leute zu bringen. Mathematisch ergibt das Ganze ohnehin keinen Sinn – warum gibt ausgerechnet die Freundin mit dem geringsten Gehalt den anderen ständig Drinks aus, während die Gutverdienerin allen ihre Bankverbindung schickt, keine fünf Minuten, nachdem sie am Kiosk an der Ecke eine Tüte Kettle-Chips gekauft hat?

Du sprichst hier eine besondere Form der Frustration an, die entsteht, wenn eine Person die Großzügigkeit der anderen fröhlich ausnutzt, ohne sich je zu revanchieren. Ich verstehe, wie ärgerlich das ist – zum einen triggert es den Ungerechtigkeitssinn, zum anderen fühlt man sich benutzt. Zu erleben, wie die eigene Gutmütigkeit ausgenutzt wird, ist demütigend, vor allem wenn es sich bei der Nutznießerin um die beste Freundin handelt.

Trotzdem glaube ich nicht, dass sie dich über den Tisch ziehen will oder dass sie mit ihrem Wohlstand prahlt, damit du dich unzulänglich fühlst. Unser Verhältnis zum Geld wird nicht nur von den Umständen diktiert, sondern ist darüber hinaus auch persönlich, historisch und zutiefst psychologisch geprägt. Es hängt von einer Zahl auf dem Kontoauszug ab, aber auch davon, auf welche Weise das Geld in unserem Elternhaus verdient, verloren und ausgegeben wurde. Von unserem Gefühl, die Zukunft beeinflussen zu können oder eben nicht. Oft wird unser Umgang mit Geld von Ängsten bestimmt. Ich halte deine Freundin nicht für gemein; wahrscheinlich hat sie einfach nur Angst.

Wenn ein Mensch andauernd über dasselbe Thema spricht – egal, ob es ihn persönlich betrifft oder nicht –, bedeutet das meistens, dass es ihn zu einem gewissen Grad quält. Geld ist eines dieser Themen, so wie es viele Leute gibt, die ständig über Gewicht reden. So ärgerlich und verstörend es für Außenstehende auch sein mag, sollte man sich immer wieder vor Augen halten, wie anstrengend es erst für den Betroffenen sein muss. Wahrscheinlich versetzt der Gedanke an Geld deine Freundin in Panik, und sie kann nichts dagegen tun, dass diese Panik ihr Verhalten verzerrt. Wenn sie die Schulden, die andere bei ihr haben, im Blick behält und zeitnah eintreibt, klingt das nach Panik. Wenn sie zwanghaft über ihre finanzielle Situation spricht, klingt das nicht nach Angeberei, sondern Panik. Sie benutzt dich als menschlichen Speicher für ihre Geldsorgen. Sie hofft, sich irgendwie in Sicherheit zu bringen, indem sie ihre finanziellen Ängste und Erfolge auflistet.

Ich finde, du solltest sie auf ihr Verhältnis zum Geld ansprechen und sie ermutigen, offen über etwaige Ängste zu reden. Sag ihr, dass du dir eine Freundschaft wünschst, in der das Thema offen verhandelt wird, allerdings ohne Scham und auf eine einfühlsame, respektvolle Weise.

Denn es ist wirklich etwas Besonderes, einander in schlechten Zeiten finanziell auszuhelfen. Gib ihr die Gelegenheit zu erkennen, wo sie sich verrannt hat, und die

Chance, sich zu korrigieren. Unter Erwachsenen besitzt Argwohn in Geldfragen das Potenzial, Freundschaften zu zerstören, und ich könnte mir keinen dümmeren Grund vorstellen, einen geliebten Menschen zu verlieren.

Liebe Dolly: »Ich bin zweiunddreißig und Single, und auf einmal bekommen alle meine Freundinnen Kinder«

Ich bin zweiunddreißig Jahre alt und seit langem Single. Wegen meines schlechten Männergeschmacks schlagen meine Freundinnen oft die Hände über dem Kopf zusammen. Sie fürchten, dass ich niemals jemanden finden und für immer allein bleiben werde. Bis vor kurzem war das für mich in Ordnung, aber nun sind die anderen alle verheiratet und verkünden ihre Schwangerschaften. Manchmal fange ich an zu weinen, sobald ich allein bin. Muss ich mich damit abfinden, dass ich das vielleicht nie erleben werde? Oder soll ich weiter auf den richtigen Mann und ein Baby hoffen?

Auf diese Nachricht hätte ich fast nicht geantwortet. Ich wollte natürlich liebend gern, handelt es sich doch um eine Sorge, von der ich oft höre und die ich zu gut kenne. Mein Zögern lag darin begründet, dass es hier um die weibliche Fruchtbarkeit und damit um den weiblichen Körper geht, und dazu haben alle möglichen Leute eine Meinung. Mein erster Rat lautet also, Ratschläge zu ignorieren, die dir Scham oder Angst einflößen. Lies dir bitte nicht die Kommentare unter dieser Kolumne durch. Lies keine Artikel über wissenschaftliche »Studien« zum Thema Fruchtbarkeit, die vor hundertfünfzig Jahren erhoben wurden. Schenk den pseudowissenschaftlichen Anekdoten zum Thema weibliche Biologie, die man als Single ständig zu hören kriegt, keine Beachtung. Wenn es um deinen Körper geht, solltest du nur auf dich und deine Ärztin hören.

Ich persönlich habe gemerkt, dass diese Weinkrämpfe häufig ein Ausdruck von Frust sind. Das ist wohl der passende Begriff für das Gefühl, eine alleinstehende Frau über dreißig zu sein, die sich eine Familie wünscht und nicht genau weiß, wie sie es anstellen soll. Es ist frustrierend, nicht zu wissen, ob und wann man den Richtigen kennenlernen wird. Wenn es sich anfühlt, als bliebe einem zum Schwangerwerden kaum noch Zeit. Alle Frauen in deiner Lage sagen das Gleiche: »Wenn mir nur irgendjemand garantieren könnte, dass ich irgendwann in der Zukunft ein Kind bekomme, könnte ich aufhören, ständig darüber nachzudenken.«

Doch eine solche Garantie gibt es für keine Frau, egal ob sie Single ist oder mit dem Menschen zusammen, mit dem sie sich Kinder vorstellen kann. Am ehesten kannst du deine Chancen wohl steigern, indem du nicht in Panik gerätst, sondern vernünftige und logische Entscheidungen triffst. Zunächst einmal solltest du dich von den Bad Boys fernhalten. Sie beanspruchen zu viel von deiner Zeit und deinem Herzen. Und deine Zeit und deine Liebe sind kostbar, ob du dir nun Kinder wünschst oder nicht. Wenn du nicht weißt, warum du immer wieder auf sie hereinfällst, solltest du eine Therapie machen. Falls das unmöglich ist, könntest du Freundinnen, die dich gut kennen und dich mögen, um eine Einschätzung bitten.

Dann gäbe es noch die Option, deine Eizellen einfrieren zu lassen, eine sehr persönliche Entscheidung, die von mehreren Faktoren abhängt. Ich kenne eine Frau, die darauf gespart hat und dem Ereignis entgegenfiebert – für sie ist es das schönste Geschenk, das sie sich selbst machen kann, denn im Gegenzug erhält sie ein kleines Stückchen Freiheit zurück. Eine Freundin von mir hat neulich eine Hundertachtziggradwende vollzogen. Ihr wurde klar, dass sie die Prozedur eigentlich nur aus Angst auf sich nimmt, wollte aber nicht all ihr Geld in eine Sache investieren, die für ihre negativen Gedankenspiralen steht. Informier dich gründlich und entscheide dann in aller Ruhe, ob dieser Weg für dich infrage kommt. Und behalte eins im Hinterkopf: Ob du deine Eizellen einfrieren lässt oder nicht, sagt wenig darüber aus, ob du eines Tages Kinder bekommen wirst oder nicht.

Du könntest dich auch mit Frauen austauschen, die ein bisschen älter sind als du und einen ganz anderen Weg gewählt haben. Die meisten der Mentorinnen, für die ich im Laufe der Jahre gearbeitet habe, lernten ihren Mann nicht an der Uni kennen. Sie waren auch nicht mit fünfundzwanzig verheiratet oder mit dreißig schon zweifache Mutter. Einige von ihnen sind durch künstliche Befruchtung, eine Samenspende oder eine Adoption zur Alleinerziehenden geworden. Andere sind kinderlos geblieben und bereuen es kein bisschen. Ihre Lebensgeschichten führen uns vor Augen, dass es mehr als einen Weg gibt, ein entspanntes Familienleben zu führen.

Eine dieser Frauen ist Regisseurin und hat ihre Kinder mit über vierzig bekommen. »Sobald du ein Baby hast, dreht sich das Leben eine ganze Weile nur noch um das Baby«, sagte sie einmal zu mir. Der Gedanke hat mir oft geholfen, mich in meiner jetzigen Lebensphase wohlzufühlen und für den Moment dankbar zu sein, statt mir über das den Kopf zu zerbrechen, was nicht ist. Richte dein Augenmerk nicht auf den Mangel, sondern auf den Überfluss. Du hast viel Zeit für dich? Geh nachmittags ins Kino. Du brauchst kein Geld für Kinderbetreuung auszugeben? Gönn dir eine absurd teure Handtasche. Du wohnst allein? Streich die Zimmer in deinen Lieblingsfarben und leg dir stinkenden Käse und Aldi-Champagner in den Kühlschrank.

Mein letzter und wichtigster Rat lautet: Verschenk deine Zuneigung weiterhin an die Frauen, die all das haben, was du dir wünschst. Wenn du auf eine Freundin eifersüchtig wirst, versprich dir selbst, es mit einer netten Geste auszugleichen, die deine Verbitterung neutralisiert. Schreib der Freundin, die gerade Mutter geworden ist, und frag nach Babyfotos. Besuche sie, nimm ihr das Kind ab und lass sie schlafen. Finde heraus, wonach deine schwangere Freundin verrückt ist, und sende es ihr per Post. Schick weiterhin Liebe in die Welt hinaus, dann wird die Liebe auf die eine oder andere Weise zu dir zurückkommen. Das ist, wie ich herausgefunden haben, die einzige Garantie im Leben.

Beziehungen

1. Dating
2. Freundschaft
3. Beziehungen
4. Familie
5. Sex
6. Trennungen
7. Körper & Seele

Liebe Dolly: »Ich habe ins Handy meines Freundes geschaut, während er schlief. Jetzt fühle ich mich schuldig«

Mein Freund und ich sind seit einem knappen Jahr zusammen. Er ist nett, lustig und geduldig und sagt mir oft, wie sehr er mich liebt. Neulich hat er geschlafen, und ich wurde von dem schrecklichen Drang überwältigt, in sein Handy zu schauen. Ich habe ein paar Nachrichten an andere Frauen gefunden, die er während der ersten Monate unseres Kennenlernens geschrieben hat, aber nichts, was mich wirklich beunruhigt hätte. Ich habe sein Handy nach zwei Minuten wieder weggelegt, aber seither quält mich das schlechte Gewissen. Ich vertraue ihm wirklich und bin so glücklich, ihn zu haben – warum sabotiere ich das, indem ich ihn hintergehe?

Ach ja. Der Blick ins Handy des schlafenden Partners ist wohl eine dieser unentschuldbaren Verhaltensweisen, die die meisten Leute sich trotzdem irgendwann im Leben zuschulden kommen lassen. Es ist ein bisschen so, als würde man den Kellner nicht auf die zu niedrige Rechnung hinweisen oder sich verkatert einen Egg McMuffin in den Mund stopfen und dem Chef währenddessen per Mail erklären, man habe »Verdacht auf Norovirus«. Eine riskante, unserer Schwäche geschuldete Entscheidung, die am Ende nur zu Schuldgefühlen führt und die Sache einfach nicht wert ist.

Ich muss dir an dieser Stelle wohl kaum sagen, dass es eine schlechte Idee ist, in fremde Handys zu schauen. Du weißt selbst, wie hinterhältig und respektlos das ist, und dass es das kostbare und langsam aufgebaute Vertrauen zwischen euch binnen Sekunden auslöschen kann. Dass dich der Umstand so quält, tut mir leid, aber ich finde es positiv, dass du deinen Impuls verstehen möchtest. Ich würde es ihm nicht beichten, denn für den Fall, dass du dir geschworen hast, so etwas nie wieder zu tun, würde das nur unnötige Ängste säen.

Der offensichtlichste Grund, warum du sein Handy überprüft hast, ist Misstrauen. Du schreibst, dein Freund hätte dir keinen Anlass gegeben, an seiner Loyalität zu zweifeln, aber ich frage mich, ob du an anderer Stelle mit Betrügern in Berührung gekommen bist. Höchstwahrscheinlich kennst du Leute, die schon einmal untreu waren: deine Freundinnen, die Freunde deiner Freundinnen, deine Exfreunde. Falls du je betrogen wurdest, wird der unterschwellige Verdacht, es könnte wieder geschehen, dich immer begleiten. Du registrierst, ob dein Partner das Handy mit dem Display nach unten auf den Tisch legt. Oder ob es dauerhaft stummgeschaltet ist, damit er keine Benachrichtigungen bekommt. Du siehst nach, ob er nach Mitternacht auf WhatsApp war, und falls die Antwort ja lautet, redest du dir ein, dass alle Männer bis tief in die Nacht mit ihren besten Kumpels chatten (nein, tun sie nicht). Du hältst nach den Omen Ausschau, weil das deine Überlebensstrategie ist – du möchtest einfach sicherstellen, dass du nie wieder durch einen Betrug gedemütigt wirst.

Doch es gibt einen Unterschied zwischen Vorsicht und Misstrauen. Fehltritte eines geliebten Partners aus dem Verhalten von Menschen ableiten zu wollen, die nichts mit ihm zu tun haben, ist unfair. Vielleicht liegt es an den Männern im Allgemeinen – vielleicht bist du von ihnen enttäuscht und hast kein Vertrauen mehr. Ich verstehe das. Jedes Mal, wenn ich die Zeitung aufschlage, enttäuscht mich wieder ein Mann. Aber um einmal kurz auf das Vokabular einer Lehrerin zurückzugreifen: Man sollte wegen ein paar schwarzer Schafe, die sich danebenbenommen und alles kaputt gemacht haben, nicht die ganze Klasse bestrafen.

Denkbar wäre auch, dass dein Drang, in sein Handy zu schauen, ein Akt der Selbstsabotage ist und in deinem mangelnden Selbstwertgefühl begründet liegt. Vielleicht glaubst du auf einer tieferen Ebene, du hättest seine Treue nicht verdient. Falls du jetzt denkst, da könnte etwas dran sein, solltest du dir verdeutlichen, dass du dieses Problem allein für dich bearbeiten musst. Liebende sollten ein Bewusstsein für die Unsicherheiten des jeweils anderen entwickeln und behutsam damit umgehen, aber es ist nicht ihre Aufgabe, sie auszuräumen. Das wäre unmöglich. Wenn du glaubst, du hättest so viel Liebe und Hingabe nicht verdient, kann dein Freund dir tausendmal versichern, dass er dich liebt und dir treu sein wird. Du wirst immer das Gegenteil vermuten. Du musst herausfinden, woher diese Angst kommt, und verstehen, wie irrational sie ist.

Hinter dem Impuls, das Handy eines schlafenden Mannes zu überprüfen, steckt meiner Meinung nach vor allem ein Kontrollwunsch. Über die Freuden des Verliebtseins wird viel gesprochen, doch kaum jemand setzt sich mit seinen Schrecken auseinander. Man legt das eigene Herz und das eigene Glück in fremde Hände. Man verschenkt seinen Körper, seine Geheimnisse, Wochenenden, Gedanken, Freiräume, Zukunftspläne, die Wohnung, Schlüssel, den Freundeskreis, die Familie. Ich habe es an dieser Stelle schon einmal geschrieben und werde es noch oft wiederholen: Liebe ist hochriskant. Immer und in jeder Hinsicht. Klar, der andere könnte dich betrügen, aber er könnte auch sterben. Hast du dir das schon mal überlegt? Oder vielleicht ist er ein Hochstapler. Falls du fürchtest, dein Freund könnte eine Affäre haben, könntest du genauso fürchten, dass er im Ausland eine geheime Familie hat.

Einen anderen Menschen zu lieben hat nichts mit Kontrolle zu tun, sondern mit Hingabe. Man kann sich gut überlegen, mit wem man sein Leben verbringen will, aber ab einem gewissen Punkt muss man loslassen. Die Alternativen wären, für immer allein zu bleiben (ergibt Sinn) oder sich jemanden zu suchen, dessen Untreue einem egal wäre und bei dem man sich folglich sicher fühlt (wie traurig). Also lässt man sich auf die unbekannten Variablen eines anderen Menschen ein; man kann ihn nur kennenlernen, ihm vertrauen und auf das Beste hoffen.

Liebe Dolly: »Vor kurzem hat mir ein guter Freund seine Liebe gestanden. Kann man lernen, einen anderen Menschen attraktiv zu finden?«

Vor kurzem hat mir ein guter Freund seine Liebe gestanden. Er ist intelligent, witzig und ehrgeizig und kleidet sich gut. Das Problem ist, dass ich nicht auf ihn stehe. Ich bin neunundzwanzig und habe mich gerade nach vierjähriger Beziehung von meinem Ex getrennt, weil er im Grunde lieblos war. Aus Filmen ist mir das Motiv von dem netten Typen, der wirklich verliebt ist und sich als der Richtige entpuppt, durchaus bekannt, aber ich möchte meinen Freund nicht verletzen, weil ich doch eigentlich weiß, dass ich nichts von ihm will. Kann man lernen, einen anderen Menschen attraktiv zu finden?

Okay, ich weiß, dass mir in diesem Punkt viele Leute widersprechen werden, und ich kenne die vielen Geschichten aus dem echten Leben, die gegen meine Theorie sprechen und die du natürlich beherzigen solltest; aber hier muss ich zunächst von meinen eigenen Erfahrungen berichten. Nein, man kann nicht lernen, jemanden attraktiv zu finden.

Ich habe erlebt, dass viele glückliche Beziehungen mit einem leisen Glimmen beginnen, und ich finde, dass so einiges für eine allmähliche Beziehungsanbahnung spricht. Wenn wir ganz ehrlich wären, müssten wir wohl zugeben, dass wir hoffen, eines Tages in einem überfüllten Raum jemanden zu entdecken, von Amors Pfeil getroffen zu werden und auf Anhieb zu wissen, dass wir diese Person heiraten werden. Tief in meinem Innern hoffe auch ich immer noch darauf, dass es mir eines Tages passiert, und allen meinen Singlefreundinnen bitte auch. Doch je älter wir werden, desto seltener hören wir von der Liebe auf den ersten Blick, und das aus gutem Grund.

Inzwischen höre ich viel öfter von Beziehungen, die als Freundschaft, am Arbeitsplatz oder sogar eher holperig angefangen haben. Vielleicht liegt es daran, dass wir, wenn wir älter, weiser und vorsichtiger werden, uns zunächst bei jemandem sicher fühlen wollen. Vielleicht ist uns das Vertrauen in unser Bauchgefühl abhandengekommen, denn eins haben wir gelernt: Wenn wir jemanden so sehr begehren, dass wir ihm die Kleider vom Leib reißen wollen und vielleicht sogar auch die Haut; wenn wir in ihn hineinklettern, den Reißverschluss wieder schließen und fortan in seinem Herzen leben wollen, endet das in den seltensten Fällen mit einer gesunden und stabilen Langzeitbeziehung (aber wer weiß?). Der langsame Funken ist gut, weil er bedeutet, dass man sich füreinander erwärmen kann. Wenn vom ersten Tag ein hohes Tempo vorgelegt wird, kann man irgendwann nicht mehr Schritt halten.

Aber selbst eine schwache Anziehung ist immer noch Anziehung. Anfangs mag sie sich noch nicht sexuell anfühlen, oder sie schleicht sich langsam an, oder man braucht eine Weile, um zu verstehen, was da eigentlich passiert.

Doch am Anfang steht immer der Magnetismus zwischen zwei Menschen, und wenn der fehlt, kann man ihn nicht willentlich erzeugen. Falls du deinen Freund schon länger kennst und dich ihm immer nur auf platonische Weise verbunden gefühlt hast, glaube ich nicht, dass sich daran noch etwas ändern wird.

Angeblich kann man einen »Liebe auf den ersten Blick«-Moment mit jemandem erleben, den man schon lange kennt, und auf einmal ist man verknallt. Immerhin ist es Monica und Chandler passiert und Harry und Sally ebenfalls. Vielleicht wartest du darauf, diesen Moment mit ihm zu erleben. Aber noch einmal (sorry!): Mir persönlich ist so etwas noch nie passiert. Ich glaube nicht, dass es im echten Leben so kommt, höchstens im Fernsehen und im Kino, wo Drehbuchautorinnen den Ton angeben und alte Bekannte sich im Dienste des Happy Ends »urplötzlich« ineinander verlieben. Wann immer ich versucht habe, eine Freundschaft in Richtung Romantik zu stupsen, weil wir uns ja so gut verstehen und der Mann so nett ist, hat es sich weder natürlich angefühlt noch ein gutes Ende genommen.

Nach einer schmerzhaften Trennung neigen wir dazu, die Sache durch die nächste Partnerwahl überkorrigieren zu wollen. Man entscheidet sich für das absolute Gegenteil des Menschen, den man zuletzt geliebt hat, in der Hoffnung, es könnte einen vor dem abermaligen Scheitern bewahren, vor allem, wenn man mit einem rücksichtslosen Partner zu tun hatte. Auf das Gute im Menschen zu achten, ist eine schöne Idee, aber Güte allein kann Anziehung nicht ersetzen. Er muss nett sein *und* du musst den

Wunsch verspüren, ihn zu küssen. Was nicht zu viel verlangt ist. Ich weiß, du bist wahrscheinlich immer noch verletzt und abgestumpft, weil dein Ex dich schlecht behandelt hat, aber da draußen gibt es viele heiße und zugleich nette Männer, das verspreche ich dir. Es gibt nicht nur die beiden Sorten »sexy und gemein« oder »nett und geschlechtslos«.

Sich den Kopf darüber zu zerbrechen, mit wem man zusammen sein »sollte«, ist außerdem immer eine schlechte Idee. Bei der Partnersuche ist es wichtig, nach kompatiblen Charakterzügen Ausschau zu halten und sich zu überlegen, in welchen Punkten man keine Kompromisse eingehen will; aber sich wie bei einer Diät alles zu verbieten, worauf man Lust hat, wird nicht funktionieren. Ein Date sollte keine Selbsthilfemaßnahme sein, schon gar nicht, wenn man weiß, wie sehr der andere einen mag. Verwickle deinen Freund nicht in ein von vornherein zum Scheitern verurteiltes Experiment. Der Weg in ein gemeinsames Leben (oder auch nur eine gemeinsame Nacht) führt nicht über die Gedanken. Anziehung entsteht nicht bloß im Kopf, sondern auch im Herzen, in der Seele … und im Unterleib.

Liebe Dolly: »Die Eltern meines Freundes mögen mich nicht. Wie kann ich sie von mir überzeugen?«

Seit kurzem wohnen mein Freund und ich zusammen, und wir sind wirklich glücklich miteinander. Seine Eltern hadern allerdings immer noch damit, dass er ausgezogen ist (er ist wohlgemerkt schon Mitte zwanzig), und sie machen kein Hehl daraus, dass sie mich nicht mögen. Anscheinend bin ich die Frau, die ihnen den Sohn genommen hat. Wie kann ich sie von mir überzeugen? Ich glaube nicht, dass ich etwas falsch gemacht habe, aber ich möchte nicht, dass mein Freund unter diesem bizarren Sorgerechtsstreit leidet. Was soll ich tun?

Das Härteste am Erwachsenwerden ist (neben dem Umstand, dass man keine Nachmittage mehr damit verbringen kann, irgendwelchen Jungs vom heimischen Festnetzanschluss Telefonstreiche zu spielen) die Pflicht, sich auch in Situationen, in denen man sich übergangen fühlt, der eigenen Privilegien bewusst zu bleiben. Ich weiß, wie abgelehnt du dich fühlst – als würdest du von einer Gang gemobbt. Und ich kann verstehen, wieso du das Ganze mit einem Sorgerechtsstreit vergleichst. Aber so ist es nicht. Dein Freund hat entschieden, sein Leben und sein Zuhause mit dir zu teilen. Du bist seine neue Familie und seine Zukunft. Aus diesem Grund wirst du leider die Anmut und Klasse einer Frau an den Tag legen müssen, die sich im Vorteil weiß. Ich weiß, das fällt schwer.

Wenn dein Freund bis Mitte zwanzig bei seinen Eltern gewohnt hat, bilden sie offensichtlich eine Einheit. Ich mit meiner rosaroten Brille halte das für eine gute Sache – es ist doch schön, sich auf jemanden einzulassen, für den Familie eine so große Bedeutung hat. Der Nachteil ist, dass diese Einheiten mit ihren Spitznamen, ihren Insiderwitzen und ihren abstrusen Traditionen (um Gottes willen, wer verteilt am Weihnachtsabend noch *Christmas Cracker*?) oft schwer zu infiltrieren sind.

Die Lösung liegt für dich wohl darin, es nicht mit der Brechstange zu versuchen, denn in dem Fall wird dir vielleicht niemals Zugang gewährt. Familien, deren Mitglieder sich verhalten wie beste Freunde, sind in den seltensten Fällen auf Neuzugänge aus – wenn überhaupt, suchen sie bewundernde Zuschauer. Du musst einen Weg finden, dich in ihrem sozialen Miteinander nicht ausgeschlossen zu fühlen und ihnen gleichzeitig zu signalisieren, dass du es gar nicht darauf anlegst, in die Familie aufgenommen zu werden.

Am besten geht das, indem zu zeigst (nicht erklärst), dass du keine Bedrohung darstellst und dass die Beziehung zwischen dir und deinem Freund nicht mit der Beziehung zwischen ihm und seinen Eltern vergleichbar ist. Vor allem in Hinsicht auf seine Mutter ist diese Strategie wichtig, denn für gewöhnlich – ohne an dieser Stelle verallgemeinern zu wollen – herrscht im Verhältnis eines Mannes zu seiner Mutter ein gewisser Irrsinn.

Durch subtile Gesten kannst du ihr Respekt erweisen, ohne dabei unbeholfen oder rührselig rüberzukommen. Du könntest sie beispielsweise um Rat fragen, wenn es um sein Geburtstagsgeschenk geht. Wenn sie euch das nächste Mal zu Hause besucht, könntest du sie um ihre Meinung zu irgendeinem Einrichtungsgegenstand bitten oder um das Rezept des Gerichtes, das dir bei ihr so gut geschmeckt hat.

Das hat nichts mit Manipulation zu tun, sondern mit Rücksicht. Diplomatie ist eine enorm unterschätzte soziale Fähigkeit, die nicht einmal eines großen Aufwands bedarf. Du machst dir einfach die Unsicherheiten einer Person bewusst und versuchst ganz sanft, das Gespräch oder die Energie im Raum so auszubalancieren, dass alle sich wohlfühlen. Natürlich darf das nie nach Schmeichelei klingen – mach keine ungerechtfertigten Komplimente und übertreibe es nicht mit deiner Begeisterung. Die Menschen merken, wenn sich jemand zu sehr bemüht, und fast immer erzeugt es Argwohn.

Das erfordert natürlich einiges an Überlegung und Einsatz, aber meiner Erfahrung nach ist es nötig, wenn zwei Familien durch eine romantische Beziehung näherrücken. Der Prozess kann schwierig und kompliziert sein, womöglich kommt es zu Konfrontationen und Unvereinbarkeiten; aber ich möchte dir versichern, das alles ist ganz normal. Ich kenne kaum jemanden, dessen Integration in die Schwiegerfamilie völlig stressfrei verlief.

Und versuch, es nicht persönlich zu nehmen. Sicher würden sie jeder Frau das Leben schwer machen, mit der er eine Langzeitbeziehung eingegangen wäre. Vielleicht ahnen sie nicht einmal, wie schwierig sie sind. Möglicherweise empfinden sie ein überwältigendes Verlustgefühl, weil der Junge, der fünfundzwanzig Jahre unter ihrem Dach gewohnt hat, nicht mehr da ist. Am Ende ist ihnen nicht einmal bewusst, dass sich das in Feindseligkeit dir gegenüber äußert.

Falls sich nichts ändert und du unglücklich bist, solltest du mit ihm sprechen. Sag ihm, du hast das Gefühl, dass seine Familie dich nicht als seine Partnerin akzeptiert und dass du das gern ändern würdest. Frag ihn, wie man die Situation seiner Ansicht nach für alle leichter gestalten könnte. Auch hier ist diplomatisches Geschick gefragt.

Aber was immer du tust, lästere nie über seine Mutter oder seinen Vater. Maße dir kein Urteil über ihren Charakter an. Spar dir das für WhatApp-Chats mit deinen besten Freundinnen auf. Wir alle kennen die unausgesprochene Regel: Über die eigene Familie darf man alles sagen, aber wehe, ein anderer erlaubt sich das Gleiche. Hab Geduld. Solche Entwicklungen brauchen Zeit. Wenn du langfristig mit dem Mann planst, wirst du auch mit seiner Familie planen müssen.

Liebe Dolly: »Mein Partner ist lieb und mein bester Freund, aber intellektuell fordert er mich nicht heraus«

Mein Freund und ich sind seit zwei Jahren zusammen. Er ist lieb, großzügig und mein bester Freund, aber intellektuell fordert er mich nicht heraus. Unseren Gesprächen fehlt der Tiefgang, und oft habe ich das Gefühl, dass wir nicht wirklich aufeinander eingehen. Wenn er einen meiner Witze nicht versteht, wird mir jedes Mal schwer ums Herz. Einen Minderwertigkeitskomplex hat er nicht, und er überschüttet mich mit Lob für meine Erfolge, aber irgendwie fühlt es sich da oben ohne ihn ganz schön einsam an. Soll ich in der Beziehung bleiben und versuchen, unsere Unterschiedlichkeit zu überbrücken?

Meine Mutter und mein Vater sind seit über dreißig Jahren verheiratet und gehören zu den glücklichsten Paaren, die ich kenne. Sie lachen viel und gehen liebevoll miteinander um. Trotzdem gibt mir ihre Beziehung ein Rätsel auf: In geistiger Hinsicht sind sie völlig inkompatibel. Meine Mutter ist eine begeisterte Leserin, mein Vater hat in seinem Leben ein einziges Buch geschafft (die Autobiographie von Michael Heseltine). Meine Mutter liebt Museen, mein Vater hasst sie. Politisch befinden sie sich an den entgegengesetzten Enden des Spektrums.

Im Laufe der Jahre habe ich die Unterschiede analysiert und zu verstehen versucht, warum dieser Abgrund im Denken sie nie getrennt hat. Am Ende bin ich zu dem Schluss gekommen, dass sie sich intellektuell zwar aneinander reiben, spirituell aber ergänzen. Sie haben denselben Humor und lassen sich von denselben Sachen rühren. Ihre Art, auf andere zuzugehen, ist ähnlich. Ihre Vorstellungen von Beziehung und Familie sind deckungsgleich. Sie sind keine Hirn-, dafür aber Seelenzwillinge.

Ich glaube, dass es in einer romantischen Beziehung genau darauf ankommt. Intellektuellen Austausch bekommt man auch anderswo. Leute mit denselben Interessen kann man in Onlineforen, auf Messen und bei Veranstaltungen kennenlernen. Man kann mit Freunden über Bücher, Politik und Philosophie debattieren. Viele Paare haben unterschiedliche Interessen, und das sollte kein Anlass zur Sorge sein. Ich frage mich also, ob du hier nicht bloß von einer intellektuellen Inkompatibilität sprichst, sondern von einer seelischen. Und ob du, wenn du schreibst, er sei lieb und überschütte dich mit Lob, eigentlich sagen willst, dass er dich anbetet.

Einerseits kann ich nachvollziehen, wie reizvoll eine Beziehung ist, die auf Leichtigkeit, Wohlbehagen und einseitiger Anbetung beruht. Liebe sollte unkompliziert sein und ohne großen Stress auskommen. Aber unkompliziert bedeutet nicht dasselbe wie einfallslos, und kein Stress ist nicht dasselbe wie keine Herausforderung. Jemanden zu lieben heißt, von ihm zu lernen. Ich will damit nicht sagen, dass man nur Leute daten sollte, die über Marxismus oder Miltons Lyrik dozieren (Gott bewahre), aber gegenseitiger Respekt und ein gewisses Interesse am anderen und an seiner Weltsicht sollte schon vorhanden sein.

So schön es auch sein mag, angebetet zu werden – selbst jemanden anzubeten, macht noch viel mehr Vergnügen. Von den Gedanken und Sätzen eines anderen Menschen unterhalten, verzaubert und fasziniert zu sein, ist ein unendlicher Spaß. Vermutlich werden die meisten Leute, die schon einmal in einer unausgewogenen Beziehung angebetet wurden, bereitwillig zugeben, dass die Realität es nicht mit der Vorstellung aufnehmen kann und der Reiz des Neuen irgendwann verfliegt. Mit einer Person zusammen zu sein, die dir zu Füßen liegt, ist eigentlich nur dann aufregend, wenn du dich danebenlegen möchtest.

Ich kenne deine Beziehungshistorie nicht und kann deswegen schlecht einschätzen, ob du im Hinblick auf den Intellekt des Mannes unrealistische Erwartungen hast. Ob deine Interessen so esoterisch und speziell sind, dass du niemals mit jemandem auf einen Nenner kommen wirst. (Einmal musste ich einem guten Freund schonend beibringen, dass er keine Frau treffen wird, die sich mit den Büchern von Tolstoi *und* den Fernsehshows von Jeremy Beadle so gut auskennt wie er.) Außerdem weiß ich nicht, was in der Liebe du suchst. Wenn du es nicht eilig und auch nichts gegen Unverbindlichkeiten hast, könntest du in der Beziehung bleiben und abwarten, wie sie sich entwickelt. Wenn du eine langfristige Bindung anstrebst und eine Familie gründen möchtest, solltest du dich fragen, wie gern du wirklich mit dem Mann zusammen bist. Kurz bevor ein Paar aus meinem Freundeskreis mit seinem Neugeborenen aufs Land zog, gab mir der Mann einen Tipp für die Partnersuche, für den ich ewig dankbar sein werde. »Es wird noch viele lange, dunkle Nächte geben«, sagte er ernst und übermüdet, »also heirate jemanden, mit dem du gute Gespräche führen kannst.«

Wahrscheinlich misstraue ich in deinem Fall meinem eigenen Rat, weil ich stets die Haltung verteidigt habe, man dürfe alles Mögliche erwarten. Wir haben (mutmaßlich) nur ein Leben, und das ist bekanntermaßen vorüber, noch bevor wir es verstanden haben. Ich habe immer daran geglaubt, dass die große Liebe mit großer Freundschaft, zuverlässigem Teamwork, körperlicher Anziehung und viel Lachen einhergeht, und ich hatte das Privileg, in einem Elternhaus aufzuwachsen, wo genau das die Realität war. Ich weiß aber auch, dass man nicht alles von einem Partner bekommen kann, und dass Perfektionismus nicht nur fruchtlos, sondern oft scheinheilig ist.

Du solltest dich ehrlich fragen, worauf du in einer Partnerschaft Wert legst (vielleicht auf etwas anderes als die meisten Menschen, aber weißt du, das ist in Ordnung). Überleg dir, worauf du verzichten könntest und was für dich unverhandelbar ist. Auf irgendetwas muss man wohl immer verzichten, aber vielleicht nicht unbedingt darauf.

Liebe Dolly: »Mein Mann ist Mitte vierzig und verwandelt sich immer mehr in seinen Vater«

Mein Mann ist Mitte vierzig und verwandelt sich in atemberaubendem Tempo in seinen Vater. Er regt sich über Kleinigkeiten auf, bewegt sich wie ein älterer Mensch, hat keinen Ehrgeiz mehr und ist schnell erschöpft, und nun hat er auch noch das Gärtnern als neues Hobby entdeckt. Sein Vater ist wirklich ein lieber Mensch, aber aus dem Grund habe ich mir meinen Mann nicht ausgesucht. Sein Verhalten ärgert mich sehr, weil ich das Leben immer noch voll auskosten will. Ich weiß, dass wir unseren Eltern im Laufe der Jahre immer ähnlicher werden, aber das kommt mir nun doch verfrüht vor. Was soll ich tun?

Zu deinem Problem hätte ich alles Mögliche zu sagen, doch ich weiß, wie empfindlich manche Männer reagieren, wenn man sich verallgemeinernd über sie äußert. Was berechtigt ist. Also habe ich mir überlegt, die Antworten eines imaginären, mittelalten Mannes aus Hampshire einzubauen. Nennen wir ihn Peter. Los geht's!

Peter: Warum fragen die Leute ausgerechnet DICH um Rat, du dumme …

Junge, wir haben noch nicht mal angefangen! Warte kurz.

Peter: Grmpf.

Ich glaube, dein Problem ist gar nicht so selten. Ich kenne viele Frauen im mittleren oder fortgeschrittenen Alter, die irgendwann festgestellt haben, dass sie und ihr Partner sich hinsichtlich ihrer Energie und ihrer Interessen unterschiedlich entwickeln. Meiner Theorie nach werden Frauen im Alter weicher, während Männer sich verhärten; die meisten jungen Frauen haben mit Verunsicherungen zu kämpfen, die erst mit dem Älterwerden langsam nachlassen.

Peter: Deswegen hasse ich den Feminismus. Hört auf zu jammern! Ihr Frauen hattet es NICHT schwerer!

Doch, Peter! Da wären die Angst vor männlicher Gewalt, Angst vor einer ungewollten Schwangerschaft, ungleiche Bedingungen im Job, Fruchtbarkeitsstress, unerreichbare Schönheitsideale und der Versuch, Mutterschaft und Berufstätigkeit zu vereinbaren. Die ersten fünfundvierzig Jahre im Leben einer Frau und alle Entscheidungen, die sie bis dahin trifft, stehen unter enormem Druck und ständiger Beobachtung. Ich kann verstehen, warum viele Frauen über fünfzig sagen, sie besäßen jetzt endlich das Selbstvertrauen und die Gelassenheit, die sie sich mit zwanzig gewünscht hätten.

Männer werden hingegen darin bestärkt, sich als junger Mensch auszuleben und jeden Moment ihrer Männlichkeit zu genießen. Obwohl viele Frauen berichten, es sei eine Erleichterung, die Bürde der Jugend abzuwerfen, kann ich verstehen, warum viele Männer schreckliche Angst davor haben, ihre Jugend zu verlieren. Ich glaube, diese Angst wird oft missverstanden, und so sehen wir am

Ende nur noch den mürrischen alten Mann. Dabei sind viele mürrische alte Männer wahrscheinlich gar nicht so schwierig; vielmehr bringt unsere Kultur der toxischen Männlichkeit sie dazu, nichts mehr zu fürchten als den Verlust von Macht und Bedeutung.

Vielleicht solltest du seine neuen Gewohnheiten und seine persönliche Entwicklung ein wenig genauer betrachten und verstehen, wo die Ursachen liegen. Unterhalte dich mit deinem Mann und stelle ihm Fragen, die ihn zum Nachdenken darüber anregen, warum sein Ehrgeiz und seine Begeisterungsfähigkeit dahinschwinden. Wahrscheinlich steckt viel mehr dahinter als Trägheit, schlechte Laune oder der Wunsch, sich in seinen Vater zu verwandeln – vielleicht sogar emotionale oder existenzielle Gründe. Und darüber zu reden, könnte hilfreich sein.

Peter: WARTE MAL. Sich um eine akkurate Rasenkante zu bemühen, hat NICHTS mit der Angst vor Alter und Tod zu tun.

Leider muss ich zugeben, dass Peter hier nicht ganz unrecht hat. Du könntest versuchen, seine Verhaltensweisen zu kategorisieren und zu unterscheiden, welche auf eine echte Apathie hindeuten und welche einfach nur dem Alter geschuldet sind. Menschen dürfen sich nicht bloß verändern, sie *sollten* es sogar. Es handelt sich hier um eines der Risiken der Langzeitbeziehung – man lässt sich immer auch auf die unvorhersehbare Entwicklung des Gegenübers ein. Wahrscheinlich beunruhigt dich die Aussicht, dass er sich tief in seiner Seele verändern und dass seine Begeisterungsfähigkeit oder seine Lebenslust versiegen könnte. Eine schreckliche Vorstellung, sind es doch gerade diese Eigenschaften, in die wir uns besonders gern verlieben. Doch es ist für ihn durchaus möglich, sich seine Begeisterungsfähigkeit zu erhalten und trotzdem das Tempo ein wenig zu drosseln.

Peter: Sie wünscht sich eine BILDERBUCHEHE.

Dazu kommen wir gleich, Peter. – Falls du dich entscheidest, offen und ehrlich mit deinem Mann zu reden, solltest du dir ein paar konkrete und vernünftige Forderungen überlegen. Sag ihm, wie er dich beruhigen könnte, und signalisiere ihm Kompromissbereitschaft. Du könntest ihm das Gärtnern gönnen, wenn ihr öfter ausgeht oder er etwas mit dir unternimmt. Lass ihn grummeln, solange er auch das benennt, was an einem Tag *gut* gelaufen ist. Gegen ein Problem, von dem er nichts weiß, kann er nichts unternehmen, und ich finde, es wäre nur fair von dir, ihm ein Stück entgegenzukommen.

Und keine Panik! Das gehört einfach dazu, wenn man sein Leben mit ein und demselben Menschen verbringt. In jedem Jahrzehnt können sich neue Unterschiedlichkeiten auftun, aber das allein ist noch keine Katastrophe. Es bedeutet nur, dass ihr euch austauschen solltet, um wieder zueinander zu finden.

Peter: Ganz ehrlich? Sie kann froh sein, dass sie überhaupt einen Mann hat.

Amen.

Peter: Und wenn du mal deinen eigenen Rat befolgen würdest, den du hier so gern austeilst, hättest DU vielleicht auch einen Mann.

Danke, Peter.

Liebe Dolly: »Bevor ich meinen Freund kennengelernt habe, bin ich mit seinem besten Kumpel ausgegangen, aber er weiß nichts davon«

Ich habe auf Hinge jemanden kennengelernt, der wirklich nett und ein echter Gentleman ist. Nach ein paar Dates habe ich gemerkt, dass er gut mit einem Mann befreundet ist, mit dem ich mich letztes Jahr ein Mal getroffen und danach anzügliche Nachrichten ausgetauscht habe. Sollte ich ansprechen, dass ich mit einem seiner Kumpel aus war, oder lieber warten, bis das Thema von allein aufkommt? Ich schäme mich für meine schlechte Menschenkenntnis – ich habe dem Kumpel auch sexy Fotos geschickt, die er möglicherweise noch hat. Ich habe große Angst davor, mein Freund könnte jetzt schlecht von mir denken oder die Beziehung beenden. Was für ein Pech, dass ich von den Millionen Männern in London ausgerechnet auf zwei gestoßen bin, die sich kennen. Meine Angst ist mittlerweile so groß, dass ich jedes Mal, wenn er nicht sofort antwortet, fürchte, er könnte es herausgefunden haben und mich jetzt ghosten.

In London leben etwa vier Millionen Männer. Eine kurze Recherche erbringt, dass etwa eine Million davon alleinstehend ist. Von dieser Million bezeichnen sich 300 000 als Single, obwohl das gar nicht stimmt und sie seit eineinhalb Jahren »locker« mit einer netten Frau zusammen sind, die Sophie heißt und einen Cavapoo besitzt. 150 000 kommen aufgrund ihres Alters nicht infrage. 100 000 haben »zu viel Stress auf der Arbeit«, um deine Nachrichten zu beantworten, finden aber problemlos die Zeit, in ihren Instagram-Stories Elon-Musk-Memes zu posten. Fünfundsiebzig Männer nutzen keine Dating-Apps. Womit ich eigentlich nur sagen will, dass noch etwa fünfzig Männer übrig bleiben und die Wahrscheinlichkeit, zwei kennenzulernen, die zufällig befreundet sind, gar nicht so klein ist.

Beim Lesen deiner Mail überkommt mich der Wunsch, dich ausfindig zu machen und sehr, sehr fest zu umarmen. Denn aus deinen Sätzen spricht nichts als Scham. Du schämst dich für dein früheres Leben als Single, deine Dates, deine Sexualität, für dein Geheimnis und für die Person, die du deiner Meinung nach bist. Ich habe das auch schon mal gefühlt, so wie jede Frau, die ich kenne. Die Scham hat in der Kindheit ihren Ursprung und sitzt tief in uns. Sie nährt sich von den kleinen Dingen: Wenn ein Typ nach einem One-Night-Stand ein Gerücht über dich verbreitet; wenn jemand dir hinterherpfeift und dich eine Schlampe nennt; wenn dein Bruder bei euch zu Hause ein Bett mit seiner Freundin teilen darf, dein Freund aber im Gästezimmer schlafen muss. Die Scham wächst mit den kollektiven Alltagserfahrungen aller Frauen: Wenn man sich dafür rechtfertigen muss, dass man die Pille danach braucht. Wenn ausnahmslos alle Hygieneartikel penetrant parfümiert sind. Wenn der Gesetzgeber droht, uns die Entscheidungsgewalt über unseren Körper zu entziehen.

So viele weibliche Bekannte von mir fühlen Scham. Die Scham ist ebenso heimlich wie historisch und äußert sich im Laufe eines Frauenlebens auf die bizarrste Weise. Deine Angst, dein Freund könnte dich verlassen, liegt in der Befürchtung begründet, er könnte dich für sexuell zu offen halten. Aber warum solltest du dich für ihn verantwortlich fühlen? Du bist ein eigenständiger Mensch, der in der Vergangenheit eine sexuelle Beziehung zu einem anderen eigenständigen Menschen hatte. Das Ganze war einvernehmlich und hat dir vermutlich Spaß gemacht. Damals hast du von der Existenz deines Freundes nicht einmal geahnt. Du hast nichts falsch gemacht.

Um mich inspirieren zu lassen, wie ein Leben ohne Scham zu gestalten wäre, orientiere ich mich gern an der öffentlichen Wahrnehmung von Männern. An dem prominenten verheirateten Politiker, der unter genauer Beobachtung steht, aber dennoch die Zeit für mehrere Freundinnen findet. Der Millionär, der sich nicht einmal rechtfertigte, als seine S&M-Sessions in der Zeitung standen. Der betrügerische Broker, der im Gefängnis landete und in der Verfilmung seines Lebens von Leonardo DiCaprio gespielt wurde. Ganz ehrlich, so etwas flößt mir Ehrfurcht und Staunen ein. Stell dir einmal vor, du könntest im selben Maß auf die Göttin in dir vertrauen. Stell dir vor, du wärst überzeugt davon, dass niemand dir je etwas vorwerfen wird. *Stell es dir nur vor.* Ich hingegen werde bis heute nachts wach, weil ich vor zehn Jahren einem gebundenen Mann zweideutige Nachrichten geschickt habe. Du solltest nicht in Angst leben müssen. Du solltest nicht das Gefühl haben müssen, ständig auf der Flucht zu sein. Ich sage es noch einmal: Du hast nichts falsch gemacht. Ich weiß, du fühlst dich, als besäße sein Kumpel ein Stück von dir oder als hätte er dir etwas gestohlen, was nur dir gehören sollte. Aber wenn er ein halbwegs vernünftiger Mensch ist, wird er sich an das stillschweigende Abkommen halten, wie es zwischen zwei Personen, die einander sexy Nachrichten oder Fotos schicken, für gewöhnlich existiert: So etwas ist privat und situationsgebunden.

Da ist nichts, wofür du dich schämen müsstest. Im schlimmsten Fall kommt es zu einem Moment der Verlegenheit, aber das ist schon alles. Du bist erwachsen, wie auch dein Freund und sein Kumpel – ihr habt alle drei eine Geschichte und werdet diese Verlegenheit überwinden. Und falls dein Freund das nicht kann, ist er sowieso nicht der Mann, mit dem du zusammenbleiben willst.

Scham bewältigt man am besten, indem man sie ans Licht zerrt wie die Yogamatte, die irgendwo ganz hinten im Schrank liegt. Erzähl ihm davon. Leg es offen, dann siehst du, dass es nichts zu verheimlichen gab. Egal, wie perfekt du wirken möchtest – gegen das willkürliche Chaos des Lebens mit seinen seltsamen Zufällen, Geistern der Vergangenheit und überraschenden Wendungen kommst du sowieso nicht an. Du kannst genauso gut darüber lachen, idealerweise mit dem Menschen, den du liebst.

Liebe Dolly: »Mein Freund verlässt sich finanziell auf mich, und so langsam ärgert mich das«

Mein Freund sagt immer, er möchte »einen Job machen, nicht Karriere«. In finanziellen Dingen verlässt er sich auf mich, und so langsam ärgere ich mich darüber. Ich möchte, dass er glücklich ist, aber genauso wünsche ich mir, dass er etwas zu unserem Lebensunterhalt beiträgt. Was soll ich tun?

Diese Frage müssen wir auseinandernehmen, denn sie besteht aus so vielen Elementen wie ein Billy-Regal von Ikea. Ich weiß nicht genau, welche Komponenten von dir stammen und welche von ihm, oder wie sie zusammenhängen. Ich finde es aber wichtig, sie alle zu berücksichtigen. Also los:

Einfach nur einen Job machen zu wollen statt Karriere, ist ein völlig verständlicher Wunsch. Ehrlich gesagt finde ich diese Einstellung sogar ziemlich gesund. Wahrscheinlich haben viele von uns das Gefühl, sich einer Art Sekte angeschlossen zu haben und nicht mehr zu wissen, wie es wäre, auf sich allein gestellt zu sein. Karriere zu machen kann obsessive Züge annehmen und Zeit, Schlaf, Interessen und Beziehungen fressen. Außerdem erweist es sich manchmal als Irrweg. Firmen lösen sich auf, Leute werden gefeuert, und in den Wirrungen veränderlicher Gesellschaften gehen ganze Branchen unter. Ich habe Verständnis dafür, wenn manche Leute einer Arbeit nachgehen möchten, über die sie nur wochentags von neun bis fünf nachdenken müssen. Niemand muss beruflichen Ehrgeiz entwickeln, um als Mensch zu beeindrucken und zu interessieren. Ich glaube nicht, dass die im Büro, im Atelier oder am Schreibtisch verbrachten Stunden wertvoller sind als die zu Hause, auf Reisen, im Pub oder im Park. Als gute Chefin oder Kollegin dazustehen, ist nicht wichtiger, als eine gute Freundin zu sein oder ein gutes Familienmitglied. Niemand sollte gezwungen werden, sich in ein überforderndes Arbeitsleben zu stürzen.

Es kann natürlich sein, dass du diese Haltung bei einem romantischen Partner wenig anziehend findest, und auch das ist vollkommen in Ordnung. Vielleicht bist du eine Frau, die sich sehr auf ihre Karriere konzentriert und von ihrem Partner dasselbe erwartet. Vielleicht findest du genau das attraktiv. In dem Fall musst du dich von dem Mann trennen, denn er hat nicht bloß klargemacht, was er will, sondern auch, dass er mit seinem Leben zufrieden ist. Er sollte mit einer Frau zusammen sein, die ihn als Gesamtpaket akzeptiert, und du solltest dich akzeptieren, wie du bist.

Nun zum Geld. Dass er seinen Job, aber keine Karriere machen will, könnte bedeuten, dass er keinen Ehrgeiz hat, überdurchschnittlich viel zu verdienen. Auch das ist total verständlich, heißt aber nicht, dass du ihm durch deine Arbeit und dein Einkommen sein Leben finanzieren musst. Falls er das erwartet, hast du jedes Recht der Welt, sauer zu sein. Aber meine nächste Frage lautet: Bittet er dich tatsächlich darum? Oder ist es vielmehr so, dass du ihn unter Druck setzt? Gebt ihr Geld für eine Wohnung, Urlaube oder Lebensmittel aus, die er sich eigentlich nicht leisten kann? Hast du ihn je gefragt, wie viel er zu eurem gemeinsamen Leben beitragen will? Könntest du dir, falls es weniger ist, als du dir wünschst, vorstellen, entweder deine Erwartungen zurückzuschrauben, was gemeinsame Ausgaben betrifft, oder die Differenz mit deiner Kreditkarte auszugleichen? Oder möchtest du lieber gar nicht mehr über das Thema nachdenken und stattdessen jemanden daten, der so viel verdient wie du?

Dass in einer Partnerschaft eine Person sehr viel mehr verdient als die andere, ist nicht ungewöhnlich. Ich kenne viele Paare, die damit leben können, aber das klappt nur mit klaren Grenzen, Akzeptanz und viel Kommunikation. (Ich weiß, das klingt anstrengend; ich langweile mich schon, wenn ich es nur lese.) Ich glaube, es gibt zwei Faktoren, die das Ganze zur Herausforderung machen. Erstens: wenn die Frau das höhere Einkommen verdient. Traditionell war es immer andersherum, und mit gekränktem männlichen Stolz umzugehen, kann wirklich anstrengend sein; ganz zu schweigen von der Frage, wie ihr das, solltet ihr euch ein Baby wünschen, mit der Elternzeit und der Kinderbetreuung regeln wollt. Zweitens: wenn die schlechter verdienende Person sich nicht für den eigenen Beruf interessiert. Ich glaube, es ist einfacher, einen Partner zu unterstützen, der für seinen schlecht bezahlten, aber erfüllenden Beruf brennt. Falls du eure finanzielle Dynamik aufrechterhalten willst, musst du dich damit abfinden, dass es ihn anscheinend erfüllt, eben *nicht* für seinen Beruf zu brennen.

Ich war immer der Ansicht, dass bei der Frage nach romantischer Kompatibilität die gemeinsamen Interessen viel zu sehr im Vordergrund stehen. Aus demselben Grund führen Datingprofile so oft in die Irre – klar, es ist toll, dass ihr beide Kurzhaarkatzen und die Musik von Elbow liebt, aber was sagt das wirklich über euer mögliches Zusammenleben aus? Bei der Wahl des Lebensgefährten übersehen wir leicht das Wichtigste, und dazu gehört die Frage, wie wichtig uns Geld ist. Tut mir leid, dass ich deine Frage mit noch mehr Fragen beantwortet habe, aber ich glaube, wenn du dir mit diesem Mann eine Zukunft wünschst, wirst du sie klären müssen.

Liebe Dolly: »Glaubst du an den richtigen Menschen zum falschen Zeitpunkt?«

Glaubst du an den richtigen Menschen zum falschen Zeitpunkt? Ich bin Anfang zwanzig und habe das Gefühl, den Richtigen gefunden zu haben. Angeblich merkt man, wenn man ihm über den Weg läuft, und ich spüre es. Er sieht das genauso, aber leider haben wir aufgrund unserer beruflichen Situation kaum Zeit füreinander. Wie soll man jemanden loslassen, wenn alles sich richtig anfühlt und nichts schiefgelaufen ist? Soll ich auf ihn warten?

In den vergangenen Jahren habe ich oft über dein Problem nachgedacht. Ganz offenkundig weiß ich die Antwort nicht. Aber wie jede gute Kummerkastentante habe ich auf dein Dilemma eine viel klarere und deutlichere Sicht als auf mein eigenes. Vielleicht sollte ich mir selbst schreiben? Nein, das wäre sogar für mich zu verrückt.

Jedenfalls war ich, was dieses Beziehungsrätsel angeht, längere Zeit hin- und hergerissen. Ja, ich glaube, dass man den richtigen Menschen zum falschen Zeitpunkt kennenlernen kann. Trotzdem glaube ich, dass der »falsche Zeitpunkt« fast immer eine selbst errichtete Hürde ist. Wenn jemand sagt, er könne mit einer bestimmten Person keine Beziehung eingehen, weil es der falsche Zeitpunkt sei, glaubt er es (meistens) selbst – und ich war ziemlich oft diese bestimmte Person. Diese Überzeugung ist enorm frustrierend und traurig, aber eigentlich halte ich sie für nicht ganz wahr. Unser Beziehungstiming wird uns nicht durch irgendeine höhere Macht vorgegeben. Kein Beziehungsboss legt uns einen Kalender vor, der festlegt, in welchen Monaten und Jahren wir Single zu sein beziehungsweise uns auf jemanden einzulassen haben. Wenn wir jemanden kennenlernen, den wir mögen und der mit uns zusammen sein will, haben wir das Timing selbst in der Hand. Vielleicht sind die Umstände anders als erwartet, vielleicht erfordert es ein bisschen mehr Mühe, damit alles klappt, aber in Sachen Liebe treffen *wir* die Entscheidungen.

Wie kommen wir also darauf, es gäbe einen perfekten Zeitpunkt für eine Beziehung? Zum einen hängt es wohl mit unserem persönlichen Verständnis von Freiheit zusammen. Manche Leute assoziieren das Singledasein automatisch mit Freiheit – man hat die Zeit und die Erlaubnis, Abenteuer zu erleben, viele unterschiedliche Erfahrungen zu sammeln oder sich auf die Karriere zu konzentrieren. Ich gehöre zu diesen Leuten. Andere finden Freiheit gerade in einer Beziehung. Für sie besteht das größte Lebensabenteuer darin, sich mit einem anderen Menschen zusammenzutun und möglichst viel gemeinsam zu erleben. Ich kenne viele serielle Monogamisten mit beeindruckenden Karrieren, die ihren Erfolg auf eine stabile Beziehung in ihren Zwanzigern zurückführen. »Ich habe keine Zeit damit verschwendet, mir über die Partnersuche den Kopf zu zerbrechen«, sagte einer dieser Menschen einmal zu mir.

Ich glaube, unsere Fixierung auf dieses nebulöse Konzept namens »Timing« hat auch damit zu tun, dass wir eine geglückte Beziehung mit einer lebenslangen gleichsetzen. Immer wurde uns gesagt, wir müssten, wenn wir den vermeintlich Richtigen getroffen haben, bis zu unserem Tod mit ihm zusammenbleiben. Und falls es anders kommt, war eben unsere Einschätzung falsch, dass er der Richtige war. Offen gesagt halte ich das für total verrückt. Wenn wir Beziehungen so betrachten, wie soll dann jemand ernstlich mit Mitte zwanzig eine Beziehung anfangen? Oder mit Mitte dreißig? Wir machen uns selbst viel zu viel Druck.

Vielleicht ist es dir und diesem Mann bestimmt, für ein Jahr, für fünf Jahre oder für ein paar Monate zusammenzubleiben. Das ist in Ordnung! Auch so eine Beziehung kann geglückt sein! Ihr bekommt trotzdem die Gelegenheit, miteinander zu wachsen, einander zu bereichern, gemeinsam dazuzulernen und ein paar schöne (oder sogar lustige) Erinnerungen zu schaffen. Du brauchst auf keinen bestimmten Augenblick zu warten, in dem dir klar wird, dass ihr auf ewig füreinander bestimmt seid, denn in dem Fall kommt ihr vielleicht nie zusammen. Frag dich, was der größere Verlust wäre: es mit jemandem zu versuchen, der scheinbar perfekt ist, und dann zu scheitern, oder es niemals versucht zu haben?

Deine Karrieresorgen kann ich verstehen. Ich persönlich konnte als Single immer am produktivsten und konzentriertesten arbeiten – einer der Gründe, warum ich seit langem Single bin. Aber in letzter Zeit habe ich gemerkt, dass ich vor allem dann besonders energiegeladen und kreativ war, wenn ich mich verliebt hatte. Meine Arbeit hat vom Alleinsein enorm profitiert, aber ich weiß inzwischen, dass der richtige Partner genauso hilfreich gewesen wäre. Jetzt in diesem Moment ist Single zu sein eventuell genau das, was du brauchst; aber vielleicht könntest du die Liebe und Unterstützung dieses Mannes genauso gebrauchen. Du wirst es wohl erst erfahren, wenn du es ausprobierst.

Ich weiß, ich bin erst dreiunddreißig und habe noch viel Leben, Liebe und viele Lektionen vor mir, aber etwas weiß ich jetzt schon ganz genau: Einen Menschen zu treffen, von dessen Nähe man nicht genug kriegen kann, kommt wirklich selten vor. Dass man jemanden trifft, der einem den Atem raubt, passiert noch seltener. Diese herrliche, gute, alberne, heiße Wir-kichern-wenn-das-Licht-ausgeht-Liebe ist gar nicht so leicht zu finden. Mein Rat wäre, sie zu genießen, wenn sie sich ergibt, egal, wie lange sie dauert.

Liebe Dolly: »Ich habe herausgefunden, dass mein Freund eine Dating-App nutzt«

Letzte Woche hat mir die Freundin einer Freundin geschrieben, sie habe meinen Freund auf einer Dating-App entdeckt. Sie hat einen Screenshot von seinem Profil gemacht, und mir ist fast das Herz stehengeblieben, als ich ein von mir aufgenommenes Foto wiedererkannte. Ich habe ihn darauf angesprochen. Ihm war die Sache peinlich (was sonst?) und er hat sich sehr aufgeregt. Er meinte, das sei ein »Ausrutscher« gewesen, und er habe es nur getan, um sich Bestätigung zu holen. Ich habe ihn gebeten, mir sein Profil zu zeigen, und ein paar Nachrichten von Frauen gelesen. Er hat auf keine davon geantwortet, was es natürlich besser macht, aber noch lange nicht okay! Wir sind seit etwas über zwei Jahren ein Paar und wohnen auch zusammen. Soll ich ihm noch eine Chance geben oder ausziehen?

Während meiner Jahre im Dating-Geschäft sind mir diese Männer regelmäßig begegnet. Ich sehe ein Gesicht, das mir irgendwie bekannt vorkommt, und erkenne auf den zweiten Blick den Freund einer Freundin oder den ehemaligen Kollegen, der doch eigentlich verheiratet ist. Meistens bin ich davon ausgegangen, dass es sich um ein älteres Profil handelt. Trotzdem habe ich viele Geschichten wie deine gehört. Ich hatte einmal eine App mit einer »Ich bin nur wegen meiner Freunde hier«-Funktion installiert, die im Profil angezeigt wird und die ich die »Die Freundinnen meiner Frau sollen ihr nicht verraten, dass ich hier bin«-Funktion nenne. Ich staune immer wieder darüber, dass diese Männer tatsächlich glauben, sie kämen damit durch. Seid gewarnt für den Fall, dass die Freundinnen eurer Freundin euch entdecken (und sie werden euch entdecken, denn heutzutage sind *alle* Singles auf irgendwelchen Dating-Apps): Es gibt keine loyaleren Menschen als die Freundinnen einer betrogenen Frau.

Bevor ich dir meine Einschätzung schreibe, möchte ich etwas klarstellen: Die Einzige, die hier entscheiden kann, was akzeptabel ist und was nicht, bist du. Früher habe ich mir hochtrabende Meinungen darüber erlaubt, wie andere ihre Zweierbeziehung gestalten, aber inzwischen verstehe ich immer besser, dass jeder Mensch seine eigenen Grenzen hat. Deine Zündschnur hat eine ganz individuelle Länge, festgelegt durch deine Erfahrungen und deine Persönlichkeit. Ob du ihm verzeihst oder nicht, ist allein deine Sache, und du solltest nicht das Urteil anderer zum Maßstab deiner Entscheidung machen. Du kennst ihn besser als deine Freundinnen, und wenn du seine Erklärung glaubst, das Gefühl hast, dass es nicht wieder passieren wird und mit ihm zusammenbleiben möchtest, solltest du deinem Bauchgefühl folgen.

Beim ersten Lesen deiner Nachricht habe ich mich gefragt, was die Motivation hinter dem sogenannten »Ausrutscher« deines Freundes sein könnte. Ist er noch sehr jung und unsicher, ob er für eine feste Beziehung bereit ist? Bist du seine erste Freundin? Oder ist er Mitte dreißig und an jenem Punkt, an dem viele Männer schreckliche Angst vor dem nächsten großen Schritt haben? Gab es zwischen euch einen Vorfall, nach dem er sich übersehen oder unmännlich fühlen könnte? Keine dieser Fragen soll eine Entschuldigung dafür sein, ein Profil in einer Dating-App anzulegen. Ich möchte nur verstehen, was in seinen Augen der Auslöser war.

Vielleicht steckte tatsächlich etwas so Banales dahinter wie der Wunsch nach Bestätigung. Dass er zu seinen Matches keinen Kontakt aufgenommen hat, halte ich übrigens für ein wichtiges Detail. Dating-Apps sind aufgebaut wie Spiele, und genau so werden sie von vielen Leuten auch genutzt. Sie sammeln Matches mit anderen, wie Mario in *Mario Kart* Münzen sammelt – je höher der Zählerstand, desto näher sind sie dem Sieg. Und was gibt es zu gewinnen? Keine Partnerin, sondern die Bestätigung, begehrenswert zu sein. Sollte dein Freund wirklich so unsicher sein und aus eurer Liebesbeziehung nicht die nötige Sicherheit und das nötige Selbstvertrauen schöpfen, tut er mir sehr leid. Ob du ihm über seine Unsicherheit hinweghelfen willst, ist deine Entscheidung.

Ich kann nur eins sagen: Falls es so ist, erscheint mir eure Beziehung zu einem ziemlich frühen Zeitpunkt destabilisiert. Weil du nichts von größeren Schwierigkeiten schreibst, denke ich mir, dass er trotz eurer stabilen Partnerschaft Bestätigung von außen »brauchte«. Was wird erst sein, wenn ihr eine Familie gründet und du ihm deine Aufmerksamkeit eine Weile entziehen musst, um sie auf das Baby zu richten? Wenn er seinen Job verliert, während du befördert wirst? Wenn der Stress und die Unglücksfälle des Lebens dir, ihm oder euch dazwischenkommen? Wird er in solchen Momenten der Ungewissheit wieder Bestätigung brauchen?

Und ganz abgesehen von der moralischen Fragwürdigkeit seines Verhaltens solltest du dir überlegen, wie anziehend du es eigentlich findest. Für mich persönlich gibt es nichts Unattraktiveres als wankelmütige Typen. Ich habe einige davon kennengelernt (und ertragen). Heute träume ich von einem Mann, der sich gern binden möchte – diese Art von Muskelspannung erscheint mit besonders sexy. Ich will keinen Mann, der sein Handy verstecken muss, ein heimliches Online-Doppelleben führt oder mit einem Bein schon aus der Beziehung ausgestiegen ist. Ich halte den Anspruch nicht für überzogen, und ich denke, auch von deinem Freund ist das nicht zu viel erwartet.

Liebe Dolly: »Wir haben uns durch eine Affäre kennengelernt. Wann werden die anderen aufhören, uns zu verurteilen?«

Mein Partner und ich hatten zunächst eine Affäre, und nun schäme ich mich für mein Glück. Wir haben uns bei der Arbeit kennengelernt und waren beide in einer Langzeitbeziehung. Die Trennungen verliefen ziemlich hässlich, aber wir sind gestärkt daraus hervorgegangen und echte Seelenverwandte. Wir möchten unser Glück mit unseren Freunden und Familien teilen, die natürlich unsere Expartner kennen, werden aber ständig mit der Scham und den Schuldgefühlen unserer Affäre konfrontiert. Die Forderung, wir sollten »den Ball flach halten« und den Menschen, die in der Vergangenheit verletzt wurden, »Respekt erweisen«, nagt an unserer Beziehung. Inzwischen sind mehrere Jahre vergangen. Wie lange müssen wir noch warten, bis wir unsere Liebe so offen und ehrlich zeigen dürfen wie andere Paare?

Früher, als ich sehr jung und sehr dumm war, habe ich mir über Menschen in Affären hanebüchene Urteile angemaßt. Was vielleicht daran lag, dass ich bis zu meinem dreizehnten Geburtstag eine Sonntagsschule besuchte, wo gegen das Begehren von Nachbars Weib und so weiter eine ziemlich klare Linie verfolgt wurde. Oder weil ich 2004, als ich eigentlich für den mittleren Schulabschluss hätte lernen müssen, lieber die Berichterstattung über David Beckham und Rebecca Loos verfolgte. Jedenfalls meinte ich zu wissen, dass alle Betrüger erwiesenermaßen schlechte Menschen sind.

Um kurz das Offensichtliche zu benennen: Natürlich ist Sex außerhalb einer festen Beziehung kein feines Benehmen. Es gibt gesellschaftliche Sanktionen zum Schutz des fragilen Treueversprechens, und die Konsequenzen bekommen du und dein Partner nun zu spüren. Ich glaube allerdings nicht, dass jede Affäre ein Ausdruck von Unmoral ist.

Für gewöhnlich schadet eine Affäre allen Beteiligten – selbst den Leuten, die sich amüsieren wollten. Neulich habe ich ein Interview mit Freunden von Nora Ephron und Carl Bernstein gesehen. Die beiden wurden geschieden, nachdem Ephron, gerade mit dem zweiten gemeinsamen Kind schwanger, erfahren hatte, dass Bernstein sie betrog. Über den Betrug schrieb sie einen Bestsellerroman, der später verfilmt wurde, wogegen er öffentlich gehasst und angefeindet wurde. »Auf lange Sicht hat es ihm mehr geschadet als ihr«, sagten die Freunde.

Wahrscheinlich gibt es Leserinnen dieser Kolumne, die sich empört eine Hand auf die Brust legen, wenn ich sage, dass auch jene, die eine Affäre anfangen, Mitgefühl verdient haben. Ich kann diese Leserinnen verstehen, finde es allerdings ziemlich unbescheiden, wenn Menschen mit absoluter Gewissheit behaupten, sie könnten niemals untreu sein. Nahezu alle, die betrogen haben, waren bis zu ihrer Affäre überzeugt, zu so etwas wie einem Seitensprung niemals fähig zu sein.

Ich bin mir sicher, dass euer Verhältnis und die daraus hervorgegangene Beziehung euren verlassenen Partnern viel Leid zugefügt haben. Wahrscheinlich haben sie Ängste davongetragen, die sich für alle Zeit auf ihr Liebesleben auswirken werden. Sie tun mir leid, genauso wie du und dein Partner. Sicher hattet ihr im Laufe der Jahre mit vielen Scham- und Schuldgefühlen zu kämpfen.

In dieser Frage einen guten Rat zu geben, ist also schwierig. Einerseits verstehe ich, warum die anderen verletzt und wütend auf euch sind; gleichzeitig finde ich, dass auch ihr ein Anrecht auf Glück habt. Vielleicht solltet ihr versuchen zu akzeptieren, dass alle Standpunkte ihre Berechtigung haben. Ihr solltet den anderen lassen, was an Schmerz und Verurteilung noch da ist, und versuchen, es zu ignorieren.

Denn das Leben ist nun einmal unfair. Das klingt jetzt eher banal, doch im Hinblick auf die unglückliche Liebe fällt mir der Spruch immer wieder ein. Manchmal wollen Menschen einfach mit den falschen Menschen zusammen sein – das ist eine der gängigsten emotionalen Ungerechtigkeiten. Wir alle haben das irgendwann schon erlebt: Die Person, die uns liebt, wollen wir nicht, und die Person, die wir lieben, erwidert unsere Gefühle nicht. Kein Wunder, dass Shakespeare und Austen dem Thema so viel Material abgewinnen konnten.

Eine weitere Binse: Man hat nur ein Leben. Das bedeutet nicht, dass wir keine Rücksicht auf die Gefühle unserer Mitmenschen nehmen sollten; aber keinesfalls müssen wir in Beziehungen ausharren, die uns unglücklich machen. Wenn ihr an die alte Weisheit glaubt, Untreue sei nur ein Anzeichen dafür, dass in einer Beziehung etwas nicht stimmt, wären eure jeweiligen Partnerschaften höchstwahrscheinlich an irgendeinem anderen Punkt gescheitert.

»Das Herz ist schon ein furchtbar eigensinniger kleiner Muskel« heißt es in einem Film, aus dem ich viel zu oft zitiere, doch je älter ich werde, desto zutreffender finde ich den Satz. Jemanden zu lieben und wieder zu verlieren gehört zum Leben dazu. Manche von uns leiden stärker darunter als andere, aber wir alle müssen lernen, mit der einen oder anderen Lücke zu leben. Eure Expartner (und ihr Umfeld) werden über das, was geschehen ist, vielleicht nie ganz hinwegkommen, und ihr werdet wahrscheinlich niemals vergessen, was ihr ihnen angetan habt. Ihr könnt die Erinnerung an den erlittenen Schmerz nicht auslöschen, aber ihr könnt davon lernen und so wahrhaftig leben und lieben, wie es euch möglich ist.

Familie

1. **Dating**
2. **Freundschaft**
3. **Beziehungen**
4. **Familie**
5. **Sex**
6. **Trennungen**
7. **Körper & Seele**

Liebe Dolly: »Meine Kinder sind es leid, meine neuesten Eroberungen kennenzulernen«

Offenbar habe ich in der Liebe kein Glück. Meine drei Töchter, mein Sohn und meine Freunde haben mir nun erklärt, sie litten unter einem »Freundinnen-Erschöpfungssyndrom«. Sie sind es leid, ständig irgendwelche neuen Eroberungen von mir kennenzulernen. Sie behaupten, es habe eine endlose Parade wunderbar passender Damen gegeben, aber keine davon habe meine übertriebenen Erwartungen erfüllen können. Während des Lockdowns habe ich eine beeindruckende Dame kennengelernt, die eine beliebte Weinbar besitzt, aber in Sachen Romantik bin ich anscheinend immer noch confused.com. Ich weiß nicht, wie es weitergehen soll, und ich habe mich gefragt, ob Sie vielleicht eine Strategie für mein weiteres Vorgehen haben. Ich bin ein attraktiver Zahnarzt im Ruhestand, besitze noch meine eigenen Haare und Zähne, bin finanziell unabhängig und sehr witzig. Ich kann singen, aber nicht tanzen.

Herzliche Grüße, Jim

Ich finde, Sie haben mehr Nachsicht verdient. In Bezug auf Dating gibt es weitaus Schlimmeres, als einfach nur wählerisch zu sein. Bei der Partnersuche sollte man lieber zu hohe Ansprüche haben als willkürlich zugreifen. Ausgeprägte Selbstachtung wird (gepaart mit Bescheidenheit) als Charaktereigenschaft immer noch unterschätzt; aber wenn Sie nicht glauben, dass Sie Glück verdient haben, wer dann? Andererseits bin ich nicht Ihre Tochter und muss mit keiner »endlosen Parade wunderbar passender Damen« zurechtkommen, während Sie mir erzählen, Sie seien »confused.com«. Ich kann Ihre Kinder also verstehen. Es gibt da einen Begriff für bestimmte Menschen, von dem Sie vielleicht gehört haben, vielleicht auch nicht, jedenfalls bezeichnet er die sogenannten »Drama Queens« – Leute, die sich unnötigerweise in komplizierte Lebenslagen bringen. Unter Umständen strahlen Sie etwas davon aus, Jim.

Perfektionismus ist faszinierend, aber auch ein ineffizienter und manchmal selbstzerstörerischer Weg zum Wunschziel, und dahinter können sich alle möglichen Motive verbergen. Eine vereinfachende Deutung Ihres Dilemmas käme zu dem Schluss, dass Sie sich Perfektion wünschen, weil Sie sich selbst für perfekt halten; dass Sie ein verzerrtes Bild von Ihren positiven Eigenschaften haben und deshalb Ihrer Partnerin dieselbe Illusion von unmöglicher Großartigkeit abverlangen. Ich denke aber, dass der Fall anders liegt. (Obwohl ich Ihnen für die Zukunft davon abraten würde, sich selbst als »sehr witzig« zu beschreiben, denn das können die anderen besser beurteilen. Je länger Sie darauf pochen, desto unglaubwürdiger wird es für Ihr Gegenüber. Dies nur als kleiner Tipp, den ich auf meiner Reise durchs Leben aufgeschnappt habe.)

Vermutlich halten Sie sich für einen Romantiker. Ironischerweise sind ausgerechnet Romantiker die Allerschlimmsten, was bindungsvermeidendes Verhalten betrifft. Aus zwei Gründen: Erstens müssten sie, sobald sie sich festlegen, die Jagd nach der Liebe beenden, dabei ist für einen Romantiker nichts so aufregend wie die Sehnsucht. Zweitens verbringen Romantiker viel Zeit damit, sich ein Ideal zu erträumen; eine 3-D-Version der perfekten Vorstellung zu finden, wird dann schwierig. Wobei es sich hier weniger um Perfektionismus handelt als um Präskriptivismus: Man schreibt der erhofften Liebesgeschichte ein Drehbuch und wundert sich dann, dass anscheinend niemand außer man selbst die Handlung und die Figuren kennt.

Kurz gesagt: Vielleicht vermeiden Sie eine konkrete Beziehungsanbahnung, weil der Gedanke, enttäuscht zu werden, Ihnen schreckliche Angst macht. Ich halte diese Angst für vollkommen verständlich. Aus ähnlichen Gründen führt Perfektionismus zu beruflicher Prokrastination: Lieber schiebt man die Aufgabe mit dem theoretisch wundervollen Ergebnis vor sich her, als sie zu erfüllen und als Versager dazustehen.

Sie sind lange genug auf der Welt, um zu wissen, dass Sie nicht nach Lust und Laune irgendwelche Eigenschaften zusammenstellen und dann erwarten können, dass irgendein Mensch sie auf sich vereint. Dieser Zeitvertreib ist höchstens für vierzehnjährige Mädchen geeignet, die im Garten Zettelchen mit Adjektiven in ein spontanes Lagerfeuer werfen, um den Jungen ihrer Träume heraufzubeschwören. Zum Glück können wir niemanden entwerfen und bestellen, denn so bliebe kein Raum für die unvorhersehbaren Schwächen der Person, in die wir uns am Ende verlieben. Auch witzige Menschen haben manchmal schlechte Laune, auch belesene Menschen können ignorant sein. Wer wirklich sexy ist, das muss ich Ihnen leider sagen, lässt auch schon mal einen benutzten Teebeutel in der Spüle liegen. Wenn Sie echte Nähe erleben wollen, werden Sie sich auf die ganze Person einlassen müssen; man kann sich nicht einfach die besten Teile herauspicken. Neulich hat jemand zu mir gesagt: »Wenn ich Zeit mit meinen Freunden verbringe, widme ich mich dem Erlebnis voll und ganz.« Eine wunderschöne Definition von Akzeptanz, wie ich finde.

Die andere Erklärung wäre, dass Sie eigentlich keine Beziehung wollen. Sicher ist Ihnen das auch schon in den Sinn gekommen. Die Leute finden alle möglichen Ausreden für ihre erfolglose Partnersuche, weil sie glauben, allein zu bleiben wäre keine Option. Doch, ist es. Ganz offensichtlich ist Ihr Leben jetzt schon voller Liebe und Gesellschaft. Sie könnten Ihre Zeit einfach mit Ihren Lieben verbringen, in einer Weinbar und anderswo.

Überlegen Sie sich, was Sie an einer Frau wirklich schätzen, lassen Sie alle anderen Erwartungen los und erlauben Sie sich das Vergnügen, sich überraschen zu lassen. Fragen Sie sich ehrlich, was Ihnen wichtig ist und was nicht – wenn Sie von einer Frau voll und ganz angenommen werden wollen, müssen Sie ihr denselben Gefallen erweisen.

Denn ich bin mir sicher, dass auch Sie trotz Ihrer wundervollen Haare und Zähne und Ihrer beeindruckenden

Singstimme einige dunkle Seiten haben. Der Gedanke ist natürlich unangenehm, aber bestimmt besitzen auch Sie Eigenschaften, die Ihre Freunde und Ihre Familie als Teil des Gesamtpakets namens Jim in Kauf nehmen. Einige davon sind Ihnen vielleicht nicht einmal bewusst. Vielleicht seufzen Ihre Freunde nach einem langen Abendessen auf dem Heimweg: »Du meine Güte, Jim war aber heute wieder ein bisschen sehr *Jim*, findest du nicht?« So etwas ist menschlich und eine Lektion in Bescheidenheit, der sich niemand entziehen kann. Kommen Sie, machen Sie mit. Es wird Ihnen gefallen.

Liebe Dolly: »Meine Mutter ist süchtig nach Fake News aus dem Internet und ich finde das unendlich peinlich«

Ich liebe meine Mutter, aber leider ist sie nach Fake News aus dem Internet süchtig geworden. Ständig postet sie irgendwelche Sachen auf Twitter und Facebook, was mir und meinen Geschwistern unendlich peinlich ist. Wir haben versucht, sie darauf anzusprechen, was sie aber nur noch störrischer und engstirniger gemacht hat. Sie hat einen starken Charakter und zu allem eine Meinung. So gut ich das eigentlich finde, es verletzt uns sehr. Hast du einen Rat?

Kaum etwas ist so schmerzhaft, wie seinen Eltern beim Irren zuschauen zu müssen. Wenn unsere Freunde sich lächerlich machen, finden wir das lustig. Doch wenn die eigene Mutter oder der eigene Vater sich einen Fehltritt in der Öffentlichkeit leisten, fühlt sich das schrecklich an. Unser Unbehagen ist doppelt: Zum einen wollen wir sie vor einer Demütigung bewahren, zum anderen haben wir das Gefühl, dass ihre beschämenden Handlungen auf uns zurückfallen.

Du bist alles andere als allein. Ich kenne niemanden, der sich durch die Social-Media-Accounts seiner Eltern angemessen repräsentiert fühlen würde. Wir alle haben im Lauf der Jahre Mütter ertragen müssen, die den Status mit der Suchfunktion verwechseln und den Namen unseres Exfreunds auf Facebook veröffentlichen. Wir alle haben ihre wortreichen, ernstgemeinten Tweets über den Remembrance Sunday gesehen, und auch das verpixelte Mohnfeldfoto. »BITTE AN ALLE WEITERLEITEN, DIE IHR KENNT: AM 1. MÄRZ WERDEN DIE 5G-ROUTER EXPLODIEREN!« Wir alle wissen, wie es ist, wenn man übers Wochenende nach Hause fährt und die Eltern kaum vom iPad aufblicken, weil sie so in die Schweinezucht auf ihrem Kleinbauernhof in FarmVille vertieft sind.

Viele Boomer nutzen das Internet anders als wir, denn sie sind nicht damit aufgewachsen. Wir haben uns das Internet von Kindesbeinen an angeeignet wie eine Sprache, und die meisten von uns sprechen sie fließend. Daran muss ich denken, wenn meine Mutter, um ihre Mails zu lesen, »Googlemail Posteingang öffnen« in die Google-Suche eingibt und das erste Suchergebnis anklickt. »Weißt du, du könntest einfach gmail.com in den Browser eintippen«, erkläre ich ihr jedes Mal genervt. »Dann kommst du direkt zu deinen Mails. Du musst nicht auf Google danach suchen.«

»So klappt es aber wunderbar«, antwortet sie dann.

Von deinen Eltern das gleiche Online-Verhalten zu erwarten wie von deinen Altersgenossen, wäre unberechtigt. Unsere Eltern werden das Internet immer anders nutzen als wir. Sie drücken sich anders aus, sprechen ein anderes Publikum an und interagieren anders. Du brauchst bei der Vorstellung, andere könnten den Status oder die Tweets deiner Mutter lesen und sie für eine Botschafterin deiner

Überzeugungen oder deines Geschmacks halten, nicht in Panik zu geraten. Solange deine Mutter keine verletzenden oder kränkenden Kommentare von sich gibt (und danach klingt es nicht – ihr Content wirkt einfach nur ein bisschen verrückt), denke ich, du solltest sie einfach machen lassen.

Das Internet verzeiht nichts. Es ist ein Ort von Verurteilung und Strafe. Doch das ist nur die Kehrseite einer ansonsten sehr guten Sache: Sensibilität wird online geschätzt und entsprechend beobachtet. Trotzdem glaube ich, dass die meisten Leute über eine gewisse Mutti-Toleranz verfügen – ihnen ist klar, dass Menschen jenseits der sechzig die Regeln nicht selbstverständlich kennen. Niemand wird das Profil deiner Mutter anklicken und erwarten, dass sie sich so knapp und lakonisch ausdrückt wie ein professioneller Comedian. Hab keine Angst, dass sie Ärger kriegen könnte, denn danach klingen deine Schilderungen nicht. Und falls sie für etwas angegriffen wird, was sie online geteilt hat, scheint sie in der Lage zu sein, sich selbst zu verteidigen.

Wenn Leute im fortgeschrittenen Alter auf Verschwörungserzählungen hereinfallen, steckt meistens Angst dahinter. Angst vor einer Welt, in der sie sich überfordert und hilflos fühlen und in der ihre Kinder allein bestehen müssen. Angst vor dem Unbekannten. Statt sie zurechtzuweisen, könntest du herausfinden, warum sie in diesen ungewissen Zeiten ausgerechnet in extremen Meinungen Trost sucht. Verwickele sie in Gespräche, in denen ihr euch nicht belauert, sondern austauscht. Du hast die Fakten auf deiner Seite – schicke ihr informative Artikel und lasse es so aussehen, als wolltest du ihr nicht widersprechen, sondern ihr eine Freude machen.

Und wenn du dich das nächste Mal über sie ärgerst, vergiss das eine nicht: Sie hat dich ertragen, als du Camouflagehosen getragen und Limp Bizkit für die größte Band unserer Zeit gehalten hast. Sie fand deinen Stil und deine Ansichten falsch, hat aber dennoch zu dir gehalten. Heute kannst du es dir vielleicht noch nicht vorstellen, aber eines Tages wirst du deinen Kindern oder deinen Nichten und Neffen furchtbar peinlich sein. Dieses zeitlich verschobene Fremdschämen gehört zum Kreislauf des Lebens dazu. Wir wechseln uns damit ab und versuchen geduldig, einander ganz sanft wieder auf Kurs zu bringen. Auch das ist ein Teil des Pakts namens Liebe.

Liebe Dolly: »Ich liebe meine große Schwester, aber wir vertreten unterschiedliche politische Ansichten«

Meine große Schwester und ich standen uns trotz des Altersunterschiedes von zehn Jahren immer sehr nah. Aber nun tut sich ein Graben auf: Wir sind in vielen politischen und gesellschaftlichen Fragen anderer Meinung, wobei ich linksliberale Positionen vertrete und sie eher konservative. Ich liebe sie sehr, aber manchmal sagt sie Sachen, zu denen ich nicht schweigen will. Wie kann ich meinen Werten treu bleiben, ohne sie als Freundin zu verlieren?

Ich bin mir nicht sicher, ob ich als Erwachsene jemals zuvor eine Zeit erlebt habe, in der fast jedes Gespräch von moralischen Grundsatzfragen überschattet wird. Während der vielen relativ friedlichen Jahre, die mit meiner Jugend zusammenfielen, waren meine Freundinnen und ich uns in den allgemeinen moralischen Punkten grundlegend einig, und mehr brauchten wir nicht zu wissen. Die meisten von uns haben Labour gewählt und an die Tafel gespendet. Wir haben auf Margaret Thatcher geschimpft, Tony Benn beweint, eine EU-Flagge ins Fenster gehängt und Palmöl boykottiert, bis wir hörten, dass es bei Pret A Manger zum Einsatz kommt.

Aber in letzter Zeit kommt man um politische Fragen nicht mehr herum, und die sind fast immer konkret, dringend und unbequem. Egal, ob wir über Maßnahmen gegen die Pandemie sprechen oder über den strukturellen Rassismus, von dem viele von uns profitieren – solche Themen brauchen Zeit und Ehrlichkeit statt unverbindliches Geschwafel. Es geht hier um zutiefst menschliche Fragen, die unseren Alltag konkret betreffen.

Ich würde mich ebenfalls als eine »Linksliberale« bezeichnen, und bei der Lektüre deiner Nachricht hat mich ein banges, sehr vertrautes Gefühl beschlichen. Ich weiß, wir meinen es nur gut, aber ich denke, dieses Etikett lädt manchmal zur Selbstzufriedenheit ein. Vor langer Zeit haben wir beschlossen, uns auf die Seite des Guten zu schlagen, was aber bedeutet, dass wir uns schonungslose Selbstkritik ersparen. Vertritt jemand einen anderen Standpunkt als wir, halten wir ihn sofort für ignorant. Wir weisen ihn auf seine Fehler hin, während wir für die eigene Scheinheiligkeit blind sind. Außerdem glaube ich, dass wir Angst davor haben, uns in die Nähe »falscher« Ansichten zu begeben, gerade so, als wären sie ansteckend. Linksliberale haben kein Problem damit, sich konservative Werte als biblische Plage vorzustellen – wir meiden sie wie eine Krankheit oder ein schwarzes Kreuz an der Tür. All dessen habe ich mich schon schuldig gemacht, und nichts davon ist wirklich liberal.

Ich möchte aber keinesfalls abstreiten, wie verstörend es ist, wenn ein geliebter Mensch Meinungen vertritt, die man strikt ablehnt. Doch ich frage mich, ob es dir möglich wäre, die aktuelle Situation nicht als persönliche und politische Hürde zu begreifen, sondern als Chance. Viele Menschen vertreten eher rechte Positionen (nicht zu vergessen, dass vierundsiebzig Millionen davon letzten Monat in den USA gewählt haben). Vielleicht bietet sich hier eine Möglichkeit, das Warum zu verstehen. Die wahrlich liberalen Menschen, die ich in meinem Leben getroffen habe, wollten weniger informieren als vielmehr dazulernen. Sie hatten feste Überzeugungen, zeigten sich im Umgang mit anderen aber flexibel.

Wir neigen zu dem Glauben, wir wären die Summe unserer politischen Haltungen. Bis zu einem gewissen Punkt stimmt das auch (vor allem, wenn uns unsere Haltung zum Handeln zwingt), aber wie das Beispiel von dir und deiner Schwester zeigt, sind Meinungen nicht erblich. Sie entstehen durch Erfahrung. Vielleicht hat deine Schwester dich nicht über den Ursprung ihrer Ansichten aufgeklärt – vielleicht haben sie sich aus einem bestimmten Grund im Laufe der Zeit verhärtet. Reagiert sie auf etwas oder jemanden? Hat sie ein traumatisches Erlebnis hinter sich? Fühlt sie sich missverstanden oder ignoriert, betrachtet sie Ideologie als eine Lösung?

Wenn du den Eindruck hast, dass ihr wirklich nicht mehr über Politik reden könnt, ohne euch zu streiten, besteht der einzige Ausweg darin, das Politische auszuklammern. Das klingt nach einem verkrampften Tanz, aber er wird seit vielen, vielen Jahren in vielen heimischen Wohnzimmern aufgeführt. Deine Weigerung, angesichts von Äußerungen, die dich kränken, nicht zu schweigen, ist bewundernswert und sollte so bleiben. Stattdessen könntet ihr euch darauf einigen, den Tenor eurer Beziehung zu ändern.

Doch zunächst einmal müsst ihr reden. Ich weiß, es ist

schwer, geduldig zu bleiben, wenn jemand entsetzliche Meinungen äußert, aber du könntest versuchen, die Debatte zu entschärfen. Nimm die Position einer Außenstehenden ein, was dein rhetorisches Geschick befördern wird. Sag ihr, du würdest gern verstehen, wie sie zu ihrer Haltung gekommen ist – wenn du ihr so begegnest, ist es gut möglich, dass sie dir gegenüber dieselbe Höflichkeit und Neugier zeigt. Wenn Konservative sich von Liberalen bevormundet fühlen, kennen sie nur noch eine Richtung: weiter nach rechts. Du wirst bei deiner Schwester mehr Gehör finden, wenn du als ruhige, mitfühlende Gesprächspartnerin auftrittst und ihr euch, um den neugewählten US-Präsidenten zu zitieren, als Opponentinnen begegnet, nicht als Feindinnen.

Liebe Dolly: »Meine Tochter ist vierunddreißig und Single. Ich fürchte, sie wird nie jemanden kennenlernen«

Meine Tochter ist vierunddreißig und attraktiv und hat eine eigene Wohnung. Sie ist beruflich erfolgreich und ein toller, liebevoller Mensch (was meine Bekannten mir bestätigen). Ihre Freundinnen sind fast alle verheiratet oder in einer Beziehung, beteiligen sie aber weiterhin an ihrem Leben und laden sie oft ein. Meine Tochter reist gern und hat schon mehrere Weltreisen unternommen, allein oder mit Freunden. Es klingt vielleicht lächerlich, aber ich bin unglücklich darüber, dass sie niemanden hat, der sie auf den Reisen begleitet oder der sie abends nach einem schlechten Tag bei der Arbeit in den Arm nimmt. Sie hat einige längere Beziehungen hinter sich, aber nichts war von Dauer, dabei weiß ich, dass sie gern irgendwann sesshaft werden und eine Familie gründen würde wie ihr Bruder. Meine Sorge zerfrisst mich, aber ich lasse mir nichts anmerken. Meine Freundinnen fühlen mit mir, aber sie befinden sich nicht in der gleichen Situation und können mich daher nicht wirklich verstehen. Hättest du vielleicht ein paar tröstliche Worte für mich?

Mum! Schön, von dir zu hören.

Scherz beiseite – du hast meine ganze Sympathie. Ich kann mir nicht vorstellen, wie es sein muss, ein winzig kleines, hilfloses Wesen zur Welt zu bringen, es zu versorgen und aufzuziehen, es zu einem richtigen Menschen heranwachsen zu sehen und es dann, wenn es achtzehn ist, in die Welt zu entlassen, womöglich noch ohne die passende Jacke. Ich verstehe nicht, wie Eltern überhaupt schlafen können, statt nachts wach zu liegen und sich ganz allgemein Sorgen um ihren Nachwuchs zu machen. Wissen sie, was den Kindern alles passieren könnte? Denken sie an das Zeug, das sie womöglich ziehen oder einwerfen? An die Straßen, die sie betreten, ohne erst nach rechts, links und wieder rechts zu schauen? An all die Menschen, die sie eventuell auslachen, ausnutzen oder die ihnen das Herz brechen? Ahnen unsere Eltern, womit wir das Nutella aus dem Glas kratzen, wenn es keine sauberen Messer mehr gibt? Ehrlich gesagt staune ich darüber, dass du in den vergangenen vierunddreißig Jahren überhaupt mal eine ruhige Nacht hattest.

Ich sage das nicht, damit du dir Sorgen machst, sondern um dich daran zu erinnern, dass elterliche Sorge von unseren Urinstinkten ebenso geprägt ist wie von rationalen Überlegungen. Ich bin überzeugt, solltest du eine Vierunddreißigjährige kennenlernen, die deiner Tochter gleicht, aber nicht deine Tochter ist, kämst du nie auf die Idee, dass irgendwer ihretwegen schlaflose Nächte erleben muss.

Deine Tochter hat Zeit. Vierunddreißig ist jung. Das Alter, in dem Menschen sich binden und eine Familie gründen, hängt von vielen Faktoren ab, und es gibt auch nicht den einen, korrekten Zeitplan. Wenn um einen herum alle zur selben Zeit die gleichen Lebensentscheidungen treffen, kommt man leicht auf die Idee, man könnte etwas falsch machen, aber selbst wenn es wie ein Klischee klingt: Was die anderen tun, ist nur für die anderen richtig. Ich vermute, dass du früher als deine Tochter jemanden kennengelernt hast und Mutter geworden bist, und nun beunruhigt dich vielleicht die Tatsache, dass sie es nicht genauso macht. Dass wir unseren Lieben Erfahrungen wünschen, die uns selbst glücklich gemacht haben, ist nur natürlich, aber du möchtest hier einer Person, die einen völlig anderen Lebensweg gewählt hat als du, dein eigenes Wunschraster aufdrücken.

Sich zu verlieben und einen passenden Partner für eine Familiengründung zu finden, braucht gewisse Voraussetzungen, und nicht immer liegen sie in unserer Hand. So etwas kann man nicht einfach entscheiden und planen, und Leute, die mit dieser Haltung in eine romantische Beziehung gehen und den Partner als Mittel zum Zweck betrachten, führen nicht unbedingt die glücklichsten Ehen.

Außerdem ist ihre Haltung zum Heiraten und Kinderkriegen wahrscheinlich ständig im Fluss. Ich weiß nicht, wann sie dir gesagt hat, dass sie sich eine Familie wünscht, aber vielleicht war sie zu dem Zeitpunkt Mitte zwanzig. Das ist genau die Zeit, in der man eine Hochzeit vor allem mit jeder Menge Champagnercocktails in einem Festzelt verbindet und glaubt, ein Baby zu versorgen wäre so einfach wie eine Schusterpalme zu gießen. Für eine Singlefrau kann sich viel verändern, wenn ihre Freundinnen und Geschwister Kinder bekommen. Für einige intensiviert es den Wunsch nach einer Langzeitliebe und einer eigenen Familie, anderen macht es eher Angst. Wieder andere, und das ist am verwirrendsten, fühlen beides zugleich. Hab Vertrauen in ihr Urteilsvermögen; sie weiß, was für sie das Beste ist.

Dass du ihr nichts von deinen Sorgen erzählt hast, ist gut. Glaub mir, egal ob sie eine Familie möchte oder noch unentschlossen ist: Sie ist sich ihres Singlestatus bewusst, denn die Welt ist darauf aus, sie ständig daran zu erinnern. Sie wird sich der Tatsache jedes Mal bewusst, wenn sie das harmlose, süße Video von dem Igel anklickt, der gebadet wird, und prompt mit YouTube-Werbung für Schwangerschafts- und Ovulationstests bombardiert wird. Du solltest auch weiterhin nichts sagen – keine Frau möchte von der eigenen Mutter an ihre biologische Uhr erinnert werden. Als könnte sie die je vergessen.

Du kannst dich damit trösten, dass deine Tochter anscheinend ein sehr erfülltes Leben führt. Du schreibst von Freunden, einer Karriere, einer eigenen Wohnung und verschiedenen Reisen. Du beschreibst eine ebenso ehrgeizige wie freundliche Person. Die Mutter meiner Freundin Helen sagte einmal zu mir: »Zu heiraten ist für eine Frau die leichteste Übung.« Und ich bin ihrer Meinung. Sich aus Torschlusspanik, blindlings und ohne jede Ansprüche in eine Beziehung zu stürzen, wäre die leichteste Übung.

Aber sich ein eigenes Leben aufzubauen und dann jemanden hineinzulassen, den man liebt und achtet und der einen so unterstützt und behandelt, wie man es verdient hat, ist schwierig. Statt dir Sorgen zu machen, deine Tochter könnte allein bleiben, solltest du dankbar dafür sein, dass sie sich nicht mit jemandem zufriedengibt, der nicht zu ihr passt. Anscheinend ist sie eine Frau, die von einem Partner und zukünftigen Kindsvater genauso viel erwartet wie vom Leben im Allgemeinen. Es klingt, als hättest du einen Menschen großgezogen, der sich selbst mag, und das ist doch Grund genug für ruhige Nächte.

Sex

1. Dating
2. Freundschaft
3. Beziehungen
4. Familie
5. **Sex**
6. Trennungen
7. Körper & Seele

Liebe Dolly: »Ich bin neunzehn und immer noch Jungfrau. Was stimmt nicht mit mir?«

Ich bin neunzehn Jahre alt und habe gerade mein Studium begonnen. Ich bin Jungfrau, möchte es aber unbedingt nicht mehr sein. Anscheinend hat niemand in meinem Umfeld Probleme, sich flachlegen zu lassen, nur bei mir passiert aus irgendeinem Grund nichts. So langsam glaube ich, dass mit mir irgendwas nicht stimmt. Ich finde mich weder besonders hässlich noch ungesellig. Trotzdem könnte ich einen Rat gebrauchen, wie ich es sozusagen am besten hinter mich bringen kann, denn ehrlich gesagt macht mir die Vorstellung, ich könnte zwanzig und immer noch unerfahren sein, schreckliche Angst.

Ich kümmere mich nicht persönlich um den *Dear Dolly*-Posteingang, aber ich erkundige mich regelmäßig bei meiner Redakteurin nach dem generellen Klima. »Viele Leute Anfang zwanzig machen sich Gedanken, wie sie ihre Jungfräulichkeit verlieren können«, erklärte sie mir neulich. Ich bat sie um eine Auswahl der entsprechenden Mails. Das Alter der Ratsuchenden varriierte, manche waren Teenager, andere Anfang dreißig, aber sie alle sehnten sich verzweifelt danach, es »endlich hinter sich zu bringen«, und fragten sich zudem, warum ausgerechnet sie es noch nicht geschafft hatten. Glaub mir: Mit dir ist alles in Ordnung, und du bist nicht allein.

Wenn ich auf deine Frage antworte, kann ich den Zustand der Welt in den letzten zwei Jahren nicht ausblenden. Neulich hat mir eine befreundete Lehrerin erzählt, viele Jugendliche aus dem Abschlussjahrgang hätten sich besorgt darüber geäußert, als Jungfrau an die Uni zu gehen. Ich hatte das zunächst gar nicht mit Corona in Verbindung gebracht, aber natürlich gibt es seither mehr sexuell unerfahrene Teenager. Sie hatten keine Gelegenheit, ihre Jungfräulichkeit im Laufe der Oberstufe zu verlieren. Keine Partys, keine achtzehnten Geburtstage, keine Schulbälle. Und dasselbe ließe sich über Singles aller Altersklassen sagen – in den vergangenen Jahren war es ja teilweise buchstäblich verboten, jemanden anzufassen. Ich bin dreiunddreißig Jahre alt, und vielleicht beruhigt es dich, wenn ich dir sage, dass fast alle, die ich kenne, in den letzten beiden Jahren wieder zu Jungfrauen wurden, selbst diejenigen, die mit ihrer Freundin oder ihrem Freund zusammenwohnen.

Außerdem solltest du nicht vergessen, dass der Übergang von den Teenagerjahren ins Erwachsenendasein für dich in eine Zeit fällt, in der ständig über Sex gesprochen wird. Ich halte das für eine gute Sache – je mehr wir über Sexualität reden und sie entstigmatisieren, desto besser. Doch eine der Schattenseiten der sexpositiven Bewegung ist wohl, dass sie die Bedeutung und Allgegenwart von Sex überbetont. Nicht alle werden ständig flachgelegt, auch wenn der Eindruck manchmal entsteht. Und selbst wenn, macht das ihr Leben nicht automatisch schöner als deins. Der Sex zu Studienzeiten ist nicht unbedingt der Sex, an den man sich auf dem Sterbebett erinnert.

Aber für mich ist das alles natürlich leicht gesagt. Wenn ich deine Mail und die vielen anderen lese, fühle ich mich direkt in eine Zeit zurückversetzt, als ich überzeugt war, ich müsste meine Jungfräulichkeit bis ans Ende meiner Tage mit mir herumschleppen wie eine umgehängte Reklametafel. Im Nachhinein erscheint es zu seltsam, dass der simple Akt der Penetration für mich und meine Freundinnen eine Art Heiliger Gral war, ein unmögliches Unterfangen, von dem ich Nacht für Nacht träumte. Unsere Art, über unsere Jungfräulichkeit zu sprechen, bestätigte einen Phallozentrismus, wie er auf sexuellem Gebiet immer noch vorherrscht. Den ersten Orgasmus oder den ersten Kuss auf den nackten Körper fanden wir längst nicht so aufregend. Ich wünschte, wir wären so auf die Erforschung der eigenen Lust fixiert gewesen wie auf den Satz: »Ich bin keine Jungfrau mehr.«

Spoileralarm: Am Ende habe ich sie doch verloren, so wie meine Freundinnen auch. Einige von uns waren Teenager, als es passierte, andere Anfang zwanzig. Ich würde gern behaupten können, ich hätte meine Jungfräulichkeit deshalb später verloren als gewünscht, weil ich auf den Richtigen gewartet habe. Aber so war es nicht; ich war geil, aber nicht in der Lage, einem Jungen auch nur nah zu kommen. Als es dann so weit war, fand ich es nicht perfekt, aber es hat Spaß gemacht und der Junge war nett. In der Rückschau wünsche ich mir nicht mehr, ich hätte es früher getan. Keine meiner Freundinnen wünscht sich das.

Ich habe nach und nach gelernt, was es bedeutet, etwas zu bekommen, was man sich immer gewünscht hat – einen bestimmten Job, eine Beziehung, eine Wohnung. Sobald man es hat, gehört es zum Leben dazu und man gewöhnt sich daran. Die quälende Sehnsucht wird von dir genommen und du denkst nicht weiter darüber nach. Ich habe mir so viele persönliche Ziele gesetzt, die ich nicht erreichen konnte. Inzwischen sollte ich längst einen Führerschein, einen Lebensgefährten und ein Baby haben. Aber ich bin mir sicher, dass mich all das erwartet, wenn ich es denn wirklich will. Genauso sicher weiß ich, dass ich mir kein anderes Leben wünsche, in dem ich all das früher bekommen hätte.

Wie so vieles andere wird es sich wahrscheinlich ergeben, wenn du aufgehört hast, dir den Kopf darüber zu zerbrechen. Wenn du entspannt und selbstsicher bist und jemanden kennenlernst, mit dem du dich gut verstehst und der dir ein Gefühl von Sicherheit vermittelt. Deine Jungfräulichkeit ist nichts, wofür du dich schämen müsstest, außerdem geht sie niemanden außer dich etwas an. Dein zukünftiges Liebesleben hängt nicht davon ab, ob du deine Jungfräulichkeit mit neunzehn verlierst oder mit zwanzig. Vor dir liegt ein Leben voller Sex. Außerdem, das verspreche ich dir, wird er besser, je älter du wirst.

Liebe Dolly: »Ich hatte fast sofort Sex mit ihm«

Ein netter Mann, den ich über eine Dating-App kenne, hat mir angeboten, ihn zum Mittagessen zu treffen. Wir hatten fast sofort Sex. Wie schaffe ich es, mich beim nächsten Date nicht wie eine Wildkatze zu benehmen?

Sarah, 31

Hallo, Mieze!

Zunächst einmal möchte ich deine Aufmerksamkeit auf die Worte lenken, mit denen du diese romantische Begegnung beschreibst. Du sagst, er habe »angeboten«, dich zum Lunch zu treffen, als wäre dein Dating-Profil ein Lebenslauf und er der wohlwollende Arbeitgeber. Dann beichtest du den Sex beim ersten Date wie einen beschämenden Aussetzer deines Urteilsvermögens. Anschließend vergleichst du dich mit einer Wildkatze – ausgesetzt, ungezähmt, unkontrollierbar –, bloß weil du einvernehmlichen Sex mit einem anderen Erwachsenen hattest.

Was mich zu einer allgemeineren Beobachtung führt, nämlich dass du dich fragen solltest, was du unter einem erfolgreichen Date eigentlich verstehst und warum du glaubst, du hättest es verbockt. Möglicherweise ist Sex beim ersten Date mit deinen persönlichen Werten unvereinbar; vielleicht bevorzugst du die Romantik alter Schule und die langsame Verführung. Vielleicht hast du bei dem Treffen mehr getrunken als üblich, was zu einem untypischen Abstreifen von Hemmungen und Kleidungsstücken führte. Oder vielleicht warst du nach den langen Monaten im Lockdown einfach mürbe und die Aussicht auf einen weiteren Abend daheim, an dem du von Deliveroo geliefertes Yakisoba isst, dir zum dritten Mal *Normal People* ansiehst und dich allein auf deiner Matratze wälzt, einfach unerträglich. Falls irgendwas davon stimmt, kann ich gut verstehen, warum dich deine Entscheidung, mit einem quasi fremden Mann zu schlafen, so verwirrt.

Doch es gibt noch eine andere Möglichkeit, die ich gern als Ursprung deiner Bedenken ins Spiel bringen würde. Hältst du Sex beim ersten Date für falsch? Oder für eine Schande? Ich frage das, weil wir gleich alt und deshalb vermutlich in derselben heteronormativen Kultur großgeworden sind. Mit überall herumliegenden Frauenmagazinen, deren Hochglanzcover »75 Tipps, damit er in deinen Händen zu Wachs wird« oder »Wie du ihn glauben lässt, zusammenzuziehen wäre seine Idee gewesen« versprechen. Mit Ratgebern, die bei unseren Müttern im Regal standen und erklärten, warum Männer Biester lieben oder von einem komplett anderen Planeten stammen als wir.

Ich mache vor allem diese Sorte Literatur verantwortlich, wenn Frauen, während sie sich in irgendeiner schummrigen Bar abknutschen lassen, halbherzig »Weißt du, mich kriegt keiner so schnell rum« lallen und es selbst kaum glauben. Seit Jahrzehnten will man uns weismachen, wir müssten uns für Erfolg beim Daten an alle möglichen Regeln halten: kein Sex beim ersten Treffen; danach auf keinen Fall als Erste melden; nicht zu erpicht aufs zweite

Date erscheinen. Aber wenn man diese Sprache entschlüsselt, bleibt nur eine Message übrig: Sei weniger. Weniger interessiert, weniger ausdrucksstark, weniger offen, weniger geil. Je »weniger« du bist, desto eher wird er sich in dich verlieben.

Es stimmt natürlich, dass man bei einem romantischen ersten Date nicht gleich alles auf den Tisch packen muss und sollte. Das Vergnügliche an der Kennlernphase ist unter anderem, das Gegenüber langsam zu entblättern. Doch sich starren Regeln zu unterwerfen, die vorsehen, dass man das eigene Bauchgefühl ignoriert und einen anderen manipuliert, um gemocht zu werden, ist nicht nur langweilig, sondern auch unfair. Ich wette, dieser Mann hat sich seit eurem Date keine Sekunde gefragt, ob er vielleicht zu früh mit dir geschlafen hat oder ob sein Verlangen nach dir beim nächsten Treffen zu wild und abschreckend rüberkommen könnte. Vermutlich hat er das Für und Wider seines Verhaltens kein bisschen hinterfragt.

Wenn du glaubst, dass du dir eine Beziehung mit ihm wünschst, solltest du natürlich dafür sorgen, dass du ihn auf der Gesprächsebene ebenso kennenlernst wie auf der körperlichen. Oder falls du etwas Unverbindliches suchst, könntest du ihm klar sagen, dass du wieder mit ihm schlafen möchtest. So oder so solltest du im Hinterkopf behalten, dass deine Weiblichkeit keinen Schaden nimmt, bloß weil du den Sex nicht aufschiebst, vor allem wenn Sex genau das ist, was du willst. So etwas ist weder peinlich noch ein Zeichen dafür, dass du zu früh nachgegeben hast. Du hast kein Machtspielchen verloren. Diese frauenfeindlichen Dating-Mythen sind ein Konstrukt und laufen echter Verbundenheit und Kommunikation zuwider. Außerdem haben sie nichts zu bedeuten. Ich kenne keinen halbwegs anständigen Mann, der eine Frau dafür verurteilen würde, dass sie sich beim ersten Date Sex wünscht.

Und hier ist noch ein Gedanke: Sex beim ersten Treffen ist kein Anzeichen für eine zukünftige Katastrophe, sondern für eine stimmige Chemie. Ich kenne einen Haufen Paare, deren Beziehung mit Sex beim ersten Date ihren Anfang nahm. Außerdem sollten wir berücksichtigen, dass du nach einem Mittagessen mit ihm geschlafen hast, was ich wahnsinnig französisch von euch finde. Ich stelle mir vor, wie ihr im Spätnachmittagslicht am Kopfteil des Betts lehnt und euch eine Gauloise teilt. Ganz ehrlich, ich an deiner Stelle würde weniger Zeit mit Selbstvorwürfen verbringen und stattdessen damit angeben.

Obwohl ich dir nicht vorschlagen will, den Mann bei eurer nächsten Begegnung gleich anzufallen, möchte ich dich bitten, dich nicht als Wildkatze zu bezeichnen. Deine sexuellen Bedürfnisse machen dich weder bedürftig noch räudig oder willenlos. Das Ausmaß deiner Lust macht dich nicht zu einer verzweifelten Streunerin, die jedem um die Beine streicht, der ihr einen alten Bückling hinwirft. Niemand muss dich in eine Transportbox stecken und mit nach Hause nehmen, und es wird auch keinen flehentlichen Appell auf der Tierheimseite geben, dich zu adoptieren. Denn du bist eine Großkatze mit scharfen Instinkten, geschmeidigen Muskeln und majestätischem Gang. Wer weiß, was noch geschieht? Vielleicht hast du dich auf einen wunderbaren Flirt mit einem Wildkater zusammengetan, vielleicht hast du den perfekten Partner auf Augenhöhe gefunden. So oder so klingt es nach großem Spaß.

Liebe Dolly: »Ich habe mich regelmäßig mit einer Escort-Dame getroffen, und jetzt bin ich verliebt«

Ich habe mich regelmäßig mit einer Escort-Dame getroffen, inzwischen haben wir uns angefreundet und verbringen jede freie Minute miteinander. Ich glaube, ich habe mich verliebt. Wir kennen unsere Familien und wissen alles voneinander. Vor ein paar Monaten habe ich sie gefragt, ob sie meine Freundin sein will, aber sie hat den Vorschlag abgelehnt und möchte lieber nur befreundet sein. Aber je mehr Zeit ich mit ihr verbringe, desto stärker werden meine Gefühle. Inzwischen habe ich auch unerwünschte Empfindungen wie zum Beispiel Eifersucht. Sie hatte in der Vergangenheit zwei toxische Beziehungen und wird ihren Job als Escort nicht aufgeben. Ich weiß, dass ich mich zurückziehen sollte, aber das würde bedeuten, sie nie wiederzusehen, was wahrscheinlich schlimmer wäre, als zu wissen, dass wir niemals eine Beziehung führen werden. Ich bin so verwirrt, und langsam wirkt sich die Sache auf alle Bereiche meines Lebens aus.

Steve

Ich habe Mühe, mir etwas Schmerzhafteres vorzustellen als in eine Person verliebt zu sein, die keine Beziehung möchte. Neulich habe ich eine Psychologin darüber sprechen hören, Liebeskummer sei ein einzigartiges Trauma, das die Betroffenen mit gar nicht so geringer Wahrscheinlichkeit in den Wahnsinn treiben kann. Ein ausgeglichener Erwachsener mit Selbstachtung, der eigentlich gut auf sich aufpasst, benimmt sich, wenn ihm das Herz gebrochen wurde, plötzlich so, als wäre er wahnsinnig geworden. Oft führt Liebeskummer zur totalen Vernachlässigung der eigenen Person. Wir tun alles, nur um dem geliebten Menschen nah zu sein, egal wie sehr es uns schadet. Wir verbringen Zeit mit ihm, obwohl es wehtut, und unsere Gedanken kreisen um ihn allein. Dass deine Gefühle dein Denken bestimmen, ist völlig verständlich, und es tut mir aufrichtig leid, dass du so etwas durchmachen musst.

Ich glaube, du weißt selbst, was zu tun ist, aber ich vermute, du bist noch nicht bereit dafür. Du möchtest lieber im Schmerz und Wahnsinn verharren und dafür ihre Nähe bekommen, als dich aus einer Situation zu lösen, die für dich keinen guten Ausgang nehmen kann. Ich verstehe das – wir alle haben es schon einmal erlebt. Irgendwann in unserer Vergangenheit haben wir die Instagram-Seite eines bestimmten Menschen im Laufe eines Tages so oft betrachtet, dass wir nachts in quadratischen Bildern von ihm träumten. Wir alle haben uns entspannt gegeben und unseren Schmerz versteckt, um diesen Menschen weiterhin sehen zu können. Ich kann dir so viel Rat geben, wie ich will, aber die Wahrheit lautet, dass nur du wissen kannst, wann die Notwendigkeit, dein Herz und deine geistige Gesundheit zu retten, größer wird als dein Wunsch, diese Frau in deinem Leben zu behalten.

Hier ist eine schlichte Wahrheit, die du immer im Kopf behalten solltest. Sie ist unbequem, wird dir aber helfen, nach vorn zu blicken. Nicht die Tatsache, dass sie als Escort arbeitet, steht euch im Weg – viele Leute in diesem Job leben in festen Beziehungen. Und auch nicht ihre Vergangenheit und ihre ungesunden Beziehungen – auch Opfer von häuslicher Gewalt können später eine glückliche Beziehung führen. Es tut mir leid, das schreiben zu müssen, aber der einzige Grund, dass du mit dieser Frau keine Beziehung haben wirst, ist ihre Weigerung, eine mit dir einzugehen.

Was nichts über dich und deine Qualitäten aussagt. Du bist für sie einfach nicht der Richtige. Außerdem denke ich, es ist schwierig, aus der Dynamik von Kunde und Dienstleisterin heraus eine Partnerschaft auf Augenhöhe zu führen. Dass ihr das auf platonischer Ebene hinbekommen habt, ist toll, aber etwas Romantisches möchte sie nicht. Wahrscheinlich hält sie sich im Umgang mit ehemaligen Klienten an ihre eigenen Regeln, und womöglich erscheint ihr das Wagnis einer Liebesbeziehung einfach zu groß.

Aber im Kino klappt es doch auch immer! Ja, ich weiß. In *Pretty Woman* reiten Richard Gere und Julia Roberts zusammen in den Sonnenuntergang. *The Girl Next Door* hat eine romantische Auflösung. Auch *Moulin Rouge!* hätte ein Happy End haben können, wäre da nicht diese eine tragische Wendung gewesen (Ewan McGregors Gesangseinlage). Doch all diese Narrative gehen davon aus, dass die weibliche Hauptfigur aus ihrem Job als Sexarbeiterin »gerettet« werden muss. Ich frage mich, ob du glaubst, dass die Frau gerettet werden möchte und ob eine Beziehung mit dir diese Rettung darstellt. Was, wenn sie keinen Retter braucht? Wenn sie ihren Job weitermachen will oder er ihr sogar Spaß macht? Dass du dir Gedanken um ihr Wohlergehen machst, ist verständlich, aber anscheinend unbegründet. Sie weiterhin zu lieben und eifersüchtig zu sein, könnte sich am Ende nicht bloß als Trauma für dich erweisen, sondern als unfaire Herabsetzung ihrer Person und ihrer Entscheidungen.

Wenn du noch nicht in der Lage bist, auf Distanz zu gehen, solltest du dir eine Frage stellen: Möchtest du nicht lieber mit jemandem zusammen sein, der dich wirklich will? Eins der Symptome unseres Liebeswahns ist der Glaube, wir würden nie wieder eine solche Verbindung eingehen und nie wieder lieben. Das stimmt nicht, was du aber erst verstehen wirst, wenn du unter eure Freundschaft einen klaren Schlussstrich ziehst und dir Zeit zu heilen gibst. Wahrscheinlich wird es eine Weile dauern. Aber bald wirst du merken, dass deine Liebe zu dieser Frau vielleicht einzigartig, die Liebe an sich aber nichts Einmaliges ist. Du wirst wieder lieben, mit Leib und Seele und von ganzem Herzen. Liebe kann auch einfach sein, und weniger schmerzhaft. Ich möchte nicht sentimental klingen, aber in diesem Moment solltest du dich und deine Bedürfnisse an erste Stelle setzen. Der einzige Mensch, mit dem du garantiert eine Zukunft haben wirst, bist du. Und es lohnt sich, in die Beziehung zu investieren, also mach dich auf und rette diesen Mann.

Liebe Dolly: »Wie kann ich mit über sechzig neuen Schwung in meine Beziehung bringen?«

Mein Partner und ich sind seit zehn Jahren zusammen. Wir sind beide über sechzig (er geht auf die siebzig zu), und wir genießen unser Zusammensein mit gutem Essen und Wein, Freunden und Reisen. Früher hatten wir viel Sex und Spaß dabei, mindestens drei Mal pro Woche. Inzwischen kommen wir mit viel Glück auf ein Mal pro Woche, und meistens mache ich den Anfang. Er spricht von Potenzstörungen, und ich glaube, dass er zudem ein Problem mit seinem Alter hat. Neulich habe ich ihn aber zufällig beim Pornoschauen erwischt, und da gab es ganz offensichtlich gar kein Problem … Ich fühle mich zurückgewiesen, denn ich bin eine willige und engagierte Partnerin. Wie kann ich neuen Schwung in unsere Beziehung bringen?

Bevor ich anfange, bitte ich alle, die jetzt gerade zu Hause beim Frühstück sitzen, in Ruhe zu kauen und zu schlucken, bevor sie weiterlesen. Schließlich möchte ich nicht, dass hier irgendjemand an seinem Toast erstickt und ich am Ende für ein Massensterben in Berkshire verantwortlich bin. Okay. Fertig? Super. Los geht's.

Ich verstehe, warum du beunruhigt bist und dich als Sexualpartnerin abgelehnt fühlst, aber ich halte das für unnötig. Was du beschreibst, hat nichts mit dir zu tun, und genauso wenig stellt es eure Beziehung infrage. Die menschliche Sexualität besteht aus zwei Komponenten: Eine gehört uns allein, die andere teilen wir mit anderen. Eine Beziehung zum eigenen Körper zu unterhalten, ist etwas Positives. Zu wissen, was sich gut anfühlt und nicht auf andere angewiesen zu sein, ist eine tolle Sache. Natürlich ist es umso schöner, je besser sich unsere autonome und unsere partnerschaftliche Sexualität ergänzen, und nichts macht Sex intimer, als einen anderen an den eigenen Wünschen und Phantasien teilhaben zu lassen. Gleichzeitig finde ich, dass jeder Mensch unabhängig von seinem Alter oder seinem Beziehungsstatus ein Anrecht auf eine sexuelle Privatsphäre hat. Diese Sphäre gab es, bevor dein Partner dich kennengelernt hat, und falls du ihn je verlässt, wird sie weiterhin existieren. Daran ist nichts Ungewöhnliches. Ich hoffe sehr, dass auch du eine Beziehung zu deinem Körper und deiner Sexualität pflegst, unabhängig von ihm.

Ich werde versuchen, mich vorsichtig auszudrücken, weil es hinsichtlich des sexuellen Verlangens so etwas wie »normal« nicht gibt. Außerdem möchte ich dir wegen deiner Libido (immer her damit!) kein schlechtes Gewissen machen. Aber mir scheint, als wäre wöchentlicher Sex in einer zehnjährigen Beziehung ziemlich gut. Wenn du unzufrieden bist, solltest du das ansprechen, aber falls du eine schwindende Anziehung fürchtest, würde ich mir bei dieser Häufigkeit keinen Stress machen.

Ich wäre erstaunt, wenn hinter seiner Zurückhaltung etwas anderes stecken würde als sein Alter und seine Erektionsstörung. In einem Interview hat mir ein Mann mit Potenzstörungen einmal gesagt, er fühle sich wie ein »Verliebter, der nicht mehr Liebe machen kann«, was ich ziemlich traurig fand. Körperliche Veränderungen und die damit einhergehenden Probleme beim Sex sind ganz offensichtlich kein rein männliches Problem, treffen einen Mann aber wahrscheinlich eher in seinem Selbstwert, vor allem, wenn die Beziehung ursprünglich so leidenschaftlich war wie von dir beschrieben. Bestimmt hat er Angst, dich zu enttäuschen oder in deinen Augen weniger vital und männlich zu erscheinen. In dem Fall spiegelt euer reduziertes Sexleben nicht eure Beziehung wider, sondern seine Entfremdung von sich selbst. Das betrifft seinen Pornokonsum deshalb nicht, weil er zu der Frau auf dem Bildschirm keine emotionale Verbindung spürt. Falls er es nicht »bringt«, wird er sie kaum enttäuschen.

Auf keinen Fall solltest du dir Vorwürfe machen, und ganz bestimmt obliegt es nicht dir, diesen undefinierbaren »Schwung« in deine Beziehung zu bringen. Ich glaube nicht, dass es euch daran mangelt, eher vielleicht an Kommunikation. Wenn du mit deinem Partner darüber redest und ihm ein sicheres Gefühl vermittelst, sodass er sich öffnen kann, gelingt es euch bestimmt, euer Sexleben angstfrei und befriedigend zu gestalten. Vielleicht besteht die einfachste Lösung darin, dass er sich medikamentöse Unterstützung holt. Oder …

Jetzt bitte noch einmal gründlich kauen und schlucken. Bereit? … Oder ihr sucht nach Alternativen und werdet ohne Penetration intim. Oder ihr schaut zusammen Pornos und findet etwas, was euch beiden gefällt. Er könnte dich an seinen sexuellen Ritualen teilhaben lassen, und vielleicht habt ihr beide Spaß dabei. (Obwohl das vielleicht nicht dein Ding ist. In dem Fall solltest du meinen Vorschlag ignorieren. Du solltest es nur dann probieren, wenn der Gedanke dich erregt.)

Wie immer die Lösung aussieht, ihr werdet sie nicht finden, ohne miteinander zu reden. Ich weiß, das klingt heikel und schrecklich unbequem, aber nachdem ihr euch im Gespräch über euren jeweiligen Stand ausgetauscht habt, wirst du erleichtert sein. Es klingt, als wärt ihr zwei einander nah und verbunden. In dem Fall solltet ihr von der Möglichkeit, über alles miteinander reden zu können, auch Gebrauch machen.

Liebe Dolly: »Ich habe etwas mit einem verheirateten Mann angefangen, und bei der Vorstellung, dass er nur Sex von mir will, fühle ich mich wertlos«

Seit eineinhalb Jahren habe ich ein Verhältnis mit einem verheirateten Mann. Ich akzeptiere, dass er seine Frau und seine Kinder liebt (Letztere sind ungefähr in meinem Alter) und erwarte nicht, dass er mich auch liebt, aber bei der Vorstellung, dass er nur Sex von mir will, fühle ich mich wertlos. Ich will ihn nicht verlieren, weil er mir so viel bedeutet, aber dass er in sein heiles Zuhause zurückkehren kann, während ich die geduldige Geliebte spielen muss, finde ich unfair. Wie merke ich, dass es an der Zeit ist, die Beziehung zu beenden?

Du hast recht, es ist unfair. Es ist unfair, dass der Mann, den du liebst, die Stabilität von Ehe und Familie und zugleich eine aufregende geheime Affäre genießt, während die eine Frau betrogen wird und die andere sich wertlos fühlt. Dahinter verbirgt sich kein Zufall. Es gibt einen Grund dafür, warum so viele Männer mittleren Alters Affären mit Frauen zwischen zwanzig und dreißig anfangen. Ich weiß nicht, ob er nur Sex von dir will – möglicherweise hegt er starke Gefühle für dich. Ich weiß aber, dass in deiner Nähe zu sein ihm den Eindruck vermittelt, jung, lebendig, begehrt und wichtig zu sein. Eines Tages wirst du ihn nicht mehr lieben und vielleicht nicht einmal mehr kennen, und dann wirst du, auch wenn du es dir jetzt nicht vorstellen kannst, nicht traurig sein. Sondern richtig wütend.

Am verstörendsten finde ich nicht den Umstand, dass du ein Verhältnis mit einem verheirateten Mann hast, sondern dass du glaubst, du hättest keine Liebe verdient. Wir wissen, dass Affären nur selten ein gutes Ende nehmen und katastrophalen Schaden anrichten können, dessen Nachwirkungen oft mehrere Menschen zu spüren bekommen. Warum lassen die Leute sich trotzdem immer wieder darauf ein? Vor allem, wenn sie, wie in deinem Fall, keine Liebe »erwarten«?

Eine alte Theorie besagt, dass eine Affäre kein Eheproblem ist, sondern ein Zeichen dafür, dass etwas auf der persönlichen Ebene nicht funktioniert. Dasselbe könnte man von Singles behaupten, die sich auf eine Affäre mit Verheirateten einlassen. Eine offensichtliche Erklärung wäre die körperliche Anziehung, ich würde aber dafür plädieren, dass eine Affäre ein Symptom dafür ist, dass man in der Beziehung zu sich selbst ein Problem hat. Wir alle begegnen ständig attraktiven Menschen, die wir nicht haben können. Manchmal sind sie in einer Beziehung, manchmal wir. Einige von uns beschließen, sich dennoch einzulassen. Zu glauben, das hätte etwas mit fehlender Moral zu tun, wäre zu einfach, vor allem da die meisten Menschen, die ich kenne und die eine langfristige Affäre hatten, von Anfang bis Ende von sich selbst entsetzt waren.

Vielleicht glaubst du, du könntest nicht geliebt werden wie andere Frauen – auf eine umfassende, ehrliche, respektvolle Weise – und begnügst dich deswegen mit heimlicher und lauwarmer Zuneigung. Als ich die Autorin Marian Keyes interviewte, sagte sie über ihr turbulentes Liebesleben in den Zwanzigern: »Ich habe künstliche Gefühle erzeugt, um mich vom Schmerz, ich selbst zu sein, abzulenken.« Ich denke ständig an diesen Satz. Vielleicht hast du dich deshalb in ein dramatisches und nervenaufreibendes Szenario verstrickt, weil du dich nicht mit irgendeinem anderen Problem befassen willst. In dem Fall solltest du deine Themen als Single angehen. Ich weiß, eine beängstigende Aufgabe, aber danach wirst du dich befreit fühlen.

Was den richtigen Zeitpunkt betrifft, deine Affäre zu beenden, kennst du die Antwort bereits. Sie wird niemals eine Beziehung sein, von der du dir in der Rückschau wünschst, sie hätte länger gehalten. Ich schreibe das nicht gern, weil es ungewollt streng klingt – auf keinen Fall verurteile ich dich! –, aber du solltest dir bewusst machen, dass diese Erfahrung dich immer begleiten wird. Wenn du mit ihm Schluss machst, wird es nicht so sein, dass die Affäre plötzlich Vergangenheit ist und du nie wieder daran denken musst. Ich weiß das nur, weil ich unzählige Gespräche mit unzähligen Frauen geführt habe, die in ihren Mittzwanzigern eine Affäre mit einem verheirateten Mann eingegangen sind. Sie alle hat die Sache noch lange verfolgt, bis in ihre Dreißiger und Vierziger hinein.

Du wirst dich daran erinnern, wenn du in der nächsten Langzeitbeziehung bist, und bei der Hochzeit deiner besten Freundin. Du wirst dich daran erinnern, wenn deine Nichte, dein Patenkind oder deine Tochter das Alter erreichen, in dem du jetzt bist. Wenn du in das Alter seiner Frau kommst. Das ist in Ordnung – wir alle machen Fehler und bereuen dieses oder jenes (Menschen, die nichts bereuen, traue ich grundsätzlich nicht über den Weg – sorry, Edith Piaf und Robbie Williams). Aber in diesem Moment des Innehaltens hast du die Chance, auszusteigen. Hier bietet sich eine Möglichkeit, deinem zukünftigen Ich das Leben zu erleichtern.

Ich kann dir weder die Erlaubnis erteilen, deine Affäre fortzusetzen, noch kann ich dich auffordern, sie zu beenden. Zwischen dem Moment, in dem du klar erkennst, was zu tun ist, und dem Moment, in dem du die Kraft und den Mut dazu aufbringst, vergeht meistens etwas Zeit. Ich glaube, für dich hat diese Zeit gerade begonnen, und ich hoffe, dass du dich bald in einer besseren Situation wiederfindest. Er kann dich nicht dorthin begleiten, aber du wirst dort Frieden, Integrität und Wahrheit finden. Und Liebe, falls du möchtest.

Liebe Dolly: »Mein Freund und ich sind seit drei Jahren zusammen und haben kaum noch Sex«

Ich bin seit drei Jahren mit meinem Freund zusammen, und inzwischen haben wir kaum noch Sex. Ich bin dreiundzwanzig, er ist fünfundzwanzig und seine Libido nur schwach ausgeprägt. Ich gebe mir Mühe, ihn zu verführen, aber wenn es dann tatsächlich einmal klappt, dauert es selbst an einem guten Tag keine fünf Minuten. Außerdem gibt mein Freund sich überhaupt keine Mühe, mich zu befriedigen. Wenn ich ihn frage, ob es an mir liegt, sagt er, es sei nichts und ich wolle zu oft Sex (wobei mir einmal in der Woche nicht übertrieben erscheint). Nun hatten wir seit einem Monat keinen Sex, aber ich weiß nicht, wie ich das ansprechen soll, ohne mich schuldig zu fühlen oder wie eine Sexsüchtige rüberzukommen. Eigentlich wollte ich mit ihm zusammenbleiben, aber dass unser Sexleben jetzt schon eingeschlafen ist, stellt ein riesiges Problem für mich dar. Was würdest du an meiner Stelle tun?

Eine meiner Freundinnen hat eine schwach ausgeprägte Libido, und einmal hat sie mir eine Geschichte erzählt, die ich nie vergessen werde. Ihr Freund, ein wirklich wohlmeinender Kerl, pflegte ein Verführungsritual, bei dem er jede Menge Räucherstäbchen abbrannte und sich dick mit Nivea-Creme einschmierte. Sie sagte, der Geruch des Räucherwerks und seine glitschige Wange (»wie kaltes Gelee«) seien wie eine Aufforderung gewesen, jetzt doch bitte erregt zu sein. Eine andere Freundin mit sehr ausgeprägter Libido erzählte mir eine andere, ebenfalls erinnerungswürdige Geschichte: Während eines ihrer vielen, seit Monaten erfolglosen Versuche, ihren Freund zu verführen, redete er sich damit heraus, er müsse dringend den Wasserkocher entkalken.

Sich zu Sex mit jemandem gedrängt zu fühlen, den man eigentlich liebt, ist furchtbar. Einen geliebten Menschen vergeblich um Sex anzubetteln, ist ebenfalls furchtbar. In eurer Situation hat niemand recht oder unrecht – weder bist du sexsüchtig, noch ist er verklemmt. Du bist keine hemmungslose Perverse, genauso wenig ist er langweilig oder faul. Anscheinend seid ihr einfach nur sexuell inkompatibel. So was kommt vor! Und ist wirklich blöd. Tut mir leid.

Meine Mutter hat eine Theorie, derzufolge alle Paare auf drei verschiedenen Ebenen verbunden sind: spirituell, intellektuell und körperlich. Erwischt man zwei von drei, kann man sich glücklich schätzen, sagt sie, und ich bin ihrer Meinung. Eine Ebene reicht für die meisten Leute auf längere Sicht nicht aus, drei auf einmal sind ein unvergleichliches Wunder, das auf Dauer niemand durchhält. (Mir ist das ein einziges Mal im Leben passiert. Ich bin froh, dass aus uns nichts geworden ist, denn wahrscheinlich hätten wir uns eingeschlossen, den Schlüssel fröhlich im Klo runtergespült und nie wieder das Haus verlassen.)

Möglicherweise findet ihr auf der körperlichen Ebene nicht zusammen. Diese eine der drei Ebenen existiert bei euch nicht. Was das Ganze so kompliziert macht, ist der Umstand, dass es auf den beiden anderen Ebenen zwar läuft, dir der körperliche Aspekt aber wichtiger ist als ihm. Diesen Mangel kannst du nicht ausblenden, und das solltest du auch nicht. Sexualität ist mehr, als einem anderen Menschen näherzukommen; sie umfasst auch Nähe zu uns selbst und Selbsterforschung; unsere Art uns auszuleben, loszulassen oder das, was wir im echten Leben sind, ins Gegenteil zu verkehren. Sie macht einen riesigen Teil unserer Identität aus. Dir ist sie anscheinend sehr wichtig, und dafür solltest du dich kein bisschen schämen.

Es wäre jetzt einfach, in den Jargon der Hochglanzmagazine aus den Achtzigerjahren zu verfallen und dir Tipps zu geben, wie du ihn am besten verführen kannst. Ehrlich gesagt warte ich seit über zwanzig Kolumnen auf diese Gelegenheit, aber ich werde mich zusammenreißen. Denn erstens klingt es so, als hättest du das schon erfolglos versucht. Zweitens glaube ich, dass die Macht der Tricks und Toys überschätzt wird, wenn zwei Menschen einfach nicht den gleichen Sextrieb haben. Ein Analplug ist nur ein Analplug und nicht in der Lage, die Libido eines Menschen zu verändern. Ich könnte versuchen, eure Situation mit einer etwaigen Lustflaute zu erklären oder mit Scham, die ihn zurückhält, aber das wäre wahrscheinlich zu viel der Analyse. Manche Leute machen sich einfach nicht so viel aus Sex, und das ist okay.

Ihr habt allerdings beide eine Beziehung verdient, in der ihr euch absolut wohlfühlt. Ihr könntet euch von euren wechselseitigen Ansprüchen freimachen und damit zukünftigen Konflikten aus dem Weg gehen. Ich weiß, es ist leicht, dir zum Schlussmachen zu raten, schließlich bin ich nicht selbst betroffen, und ich weiß auch, wie schmerzhaft und frustrierend es sein kann, sich von jemandem zu trennen, mit dem man sich eigentlich gut versteht. Aber inniger, sicherer, intimer und hemmungsloser Sex mit einer gleichgesinnten Person ist nun einmal das Schönste, was die Wundertüte der menschlichen Erfahrung zu bieten hat. So etwas sollte niemals unerreichbar sein, schon gar nicht für eine Dreiundzwanzigjährige.

Liebe Dolly: »Wie lange ohne Sex ist zu lange?«

Wie lange ohne Sex ist zu lange? Vor acht Jahren wurde ich geschieden, und seither kann ich die Gelegenheiten, bei denen ich Sex hatte, an einer Hand abzählen. Ich bin fast siebenundvierzig und habe nun einen längeren Teil meines Lebens in einer Art Zölibat verbracht, möglicherweise freiwillig und aus Angst. Ich mache mir Sorgen, ich könnte nun geschlechtslos sein und es nie wieder tun. Ich mache mir auch Sorgen, dass mein mangelndes sexuelles Selbstbewusstsein ein Teil des Problems ist. Ich bin nicht unattraktiv, fürchte mich aber sehr vor Nähe und vor Ablehnung. Bin ich ein hoffnungsloser Fall?

Es gibt viele Gründe für Enthaltsamkeit, und die meisten fallen in eine von drei Kategorien: absichtlich, umständehalber oder unfreiwillig. Absichtliche Enthaltsamkeit kommt am seltensten vor und ist die beste Sorte – die Vorteile zeigen sich in den leuchtenden Augen ihrer Nesseltuch tragenden Befürworter. Und in den Autobiographien besonders erfolgreicher Menschen, die im Kapitel über ihre produktivsten Jahre schreiben: »In der Zeit habe ich kaum gedatet.« Die den Umständen geschuldete Enthaltsamkeit ist schon weniger spaßig. Liebeskummer, Trauer, Krankheit, Erschöpfung, Medikamente, kleine

Kinder – all das sind gute Gründe, Sex weniger Bedeutung einzuräumen oder eine Zeit lang ganz darauf zu verzichten. Unfreiwillige Enthaltsamkeit, wenn man eigentlich gern Sex hätte, aber nicht weiß, wie und mit wem, ist ein echtes Problem. Für mich klingt es, als hättest du eine Mischung aus den beiden letzten erwischt.

Während der Lockdowns im vergangenen Jahr habe ich mit vielen Singles gesprochen, die sich plötzlich in einer Phase der unfreiwilligen Enthaltsamkeit wiederfanden und darüber verzweifelten. Ich habe viel darüber nachgedacht, warum, und bin zu dem Schluss gekommen, dass die Situation uns an unsere Teenagerzeit erinnerte. Für die meisten Menschen gehört erzwungene Enthaltsamkeit zu den eindrücklichsten Erinnerungen ihrer Jugend – eine frustrierende Mischung aus Einsamkeit und dem ständigen Gedanken an Sex. Wir haben davon geträumt, schreckliche Angst davor gehabt, die Details gegoogelt und uns gefragt, ob wir jemals einen Menschen treffen werden, der mit uns schlafen möchte. Wenn man sich als Teenager unattraktiv oder zurückgewiesen fühlte, kann fehlender Sex im Erwachsenenalter diese Wunden wieder aufreißen, egal, wie sehr man in den Jahren dazwischen um Heilung bemüht war. Es kann sich anfühlen, als würde man direkt in sein Jugendzimmer mit den (wahrscheinlich) lila oder limettengrünen Wänden zurückversetzt und damit in einen Zustand von Unerfahrenheit und Unsicherheit.

Aber du bist nicht unerfahren. Du bist nicht unterqualifiziert. Sobald du dich für Sex bereit fühlst, bist du für Sex bereit. Es mag dir beängstigend erscheinen, was aber nur daran liegt, dass du es dir als abstrakten Akt mit einem gesichtslosen Partner vorstellst. Ab der Sekunde, in der du mit einem Menschen in Kontakt kommst, den du anziehend findest, wird sich Intimität nicht mehr als Wagnis anfühlen. Du wirst diesen Moment aber nicht erleben, solange du dir einredest, du wärst geschlechtslos oder dein Verzicht auf Sex in den vergangenen acht Jahren irgendwie seltsam und ein Beweis deiner Unfähigkeit.

Denn auf deine Frage, wie lange ohne Sex zu lange ist, gibt es keine eindeutige Antwort. Ich kenne vollkommen gesunde Leute, die ein paar Tage als zu lang empfinden, und andere, die seit Jahren nicht an Sex gedacht haben und trotzdem glücklich sind. Wie oft du Sext hast, sagt nichts darüber aus, wie begehrenswert oder sinnlich du bist – es verdeutlicht nur deine Entscheidungen oder deine Umstände. Im Jahrzehnt nach einer Ehe mit nur einer Handvoll von Leuten zu schlafen, ist nicht so schockierend, wie du glaubst. Für manche Leute ist Promiskuität ein probates Mittel gegen Liebeskummer, aber anscheinend gehörst du nach deiner eigenen Diagnose nicht dazu. Was zeigt, dass du auf deinen Körper hörst (sexy), dich selbst kennst (sexy) und respektierst (sexy).

Außerdem solltest du nicht so sehr an der Vorstellung eines »sexuellen Selbstbewusstseins« hängen. Was soll das überhaupt sein? Ein weiterer Zug aus dem Regelbuch der Heteronormativität, auf den Männer angeblich stehen, genauso wie auf eine gewisse Kälte (verwirrt sie nur) und Frühstück im Bett (zu aufwendig). Wahres sexuelles Selbstvertrauen hat weder mit unverhohlener Geilheit zu tun noch damit, durch die Betten zu hüpfen oder besonders kinky zu sein. Es bedeutet zu wissen, was man von seinem Gegenüber erwartet, und es einzufordern, ohne sich zu schämen. Den eigenen Körper zu kennen und sich darin wohlzufühlen. Zu wissen, dass man Glück verdient hat. Man kann es ganz allein entwickeln, denn es hat nichts mit einer Strichliste über den absolvierten Geschlechtsverkehr zu tun.

Also nein, du bist kein hoffnungsloser Fall. Wirf dich ins Leben, denn dich erwartet toller Sex, falls es das ist, was du willst. Deine Sexualität ist weder eingerostet noch in Rente, sie macht nicht mal ein Sabbatical. Sie ist da, in deinem Körper und in deiner Seele, jetzt in diesem Moment. Wach und lebendig. Du brauchst keinen anderen Menschen, der sie für dich aktiviert, denn so war es nie. Du allein entscheidest, ob du sie mit jemandem teilst; du wirst wissen, wann und wie. Und es wird dir, glaube mir, wirklich leichtfallen.

Trennungen

1. **Dating**
2. **Freundschaft**
3. **Beziehungen**
4. **Familie**
5. **Sex**
6. **Trennungen**
7. **Körper & Seele**

Liebe Dolly: »Mein Freund ist wirklich nett, aber ich bin unglücklich. Wie kann ich Schluss machen?«

Ich führe seit fast drei Jahren eine Beziehung mit einem netten, liebevollen Mann. Ich liebe ihn, spüre aber tief in meinem Herzen, dass ich unglücklich bin. Ich erwische mich oft dabei, wie ich von einem anderen Leben träume. Das Problem ist, ich habe nicht den Mut, mich zu trennen. Ich habe noch nie mit jemandem Schluss gemacht und frage mich, wie er reagieren wird, wo er wohnen soll, wie er es seinen Eltern sagt und was sie dann von mir denken. Ich wünschte, wir wären gute Freunde geworden statt ein Paar, und finde den Gedanken unerträglich, ihn ganz zu verlieren. Ich bin vor Schuldgefühlen und Selbsthass wie gelähmt. Wie kann ich das in Ordnung bringen?

O je. Das ist das Schlimmste. Tut mir leid. Ich persönlich fand vor allem jene Zeiten in meinem Leben belastend, wenn ich mich von jemandem trennen musste und es nicht konnte. Ich verstehe nicht, warum es manchen Leuten so leichtfällt – jemandem das Herz zu brechen war für mich immer sehr viel schlimmer, als die mit dem gebrochenen Herzen zu sein. Liebeskummer ist heftig und stechend und verwandelt dich in ein verletztes Tier, aber letztendlich hat er ein Ziel; er ist sozusagen ein dynamischer Schmerz. In der Regel führt er zu etwas anderem, das produktiv und neu ist. Zu einer Veränderung der Lebensumstände, einer Offenbarung, zu mehr Stärke, einer verrückten Frisur oder einem Flirt mit einer Person, die in den späten Neunzigerjahren geboren wurde. Doch der Schmerz und die Verantwortung nach einer selbst initiierten Trennung sind dumpf und nachhaltig. Manchmal fühle ich mich heute noch wegen einer Trennung schuldig, die zehn Jahre zurückliegt, obwohl der Mann inzwischen glücklich verheiratet und Vater von zwei Kindern ist und wahrscheinlich nie an mich denkt.

Du fühlst dich nicht deshalb so mies, weil du ein schlechter Mensch bist. Im Gegenteil, es ist deine Empathie, die dich so fühlen lässt. Du denkst instinktiv an die anderen und was sie in einer bestimmten Situation wohl empfinden – und falls es etwas Unangenehmes ist, setzt du alles daran, sie davor zu schützen. Die Eigenschaft ist lobenswert, in Situationen wie deiner aber wenig hilfreich. Um kurz das Offensichtliche zu benennen: Eine Beziehung funktioniert nur, wenn beide Beteiligten freiwillig dabei sind. In der Liebe solltest du es nicht dem anderen recht machen wollen. Du solltest nicht mit jemandem zusammenbleiben, bloß weil du dir ein trauriges Gespräch ersparen willst. Manchmal sind traurige Gespräche der einzige Ort, wo das wahre Leben stattfindet. Sie zu führen ist ein Akt des Mitgefühls, selbst wenn es nicht so scheint. Wenn du respektvoll mit diesem Mann umgehen willst, solltest du ihm mit Ehrlichkeit begegnen, nicht mit als Rücksicht getarnter Feigheit.

Vor einigen Jahren hat mir jemand eine Frage gestellt,

die ich inzwischen allen stelle, die glauben, sie müssten sich trennen: Falls du auf einen großen roten Knopf drücken könntest, und dann ist alles vorbei – würdest du es tun? Falls du dich ganz ohne Trennungsgespräch in einem neuen Leben wiederfinden könntest, ganz ohne Gütertrennung und ohne Tränen – würdest du es tun? Wenn deine Antwort Ja lautet, solltest du dich jetzt von dem Mann trennen.

Vielleicht wird er sich eine Zeit lang einreden, dich zu hassen. Vielleicht wird er dir Vorwürfe machen. Vielleicht wird er sich tagelang betrinken und zu dem Schluss kommen, dass du sein Leben ruiniert hast. »Er hat mein Leben ruiniert« ist ein echter Klassiker: *Wenn ich mich so elend fühle, muss es wahre Liebe gewesen sein*, mein Lieblingssong auf der Trennungs-Playlist, und meine Freundinnen mussten ihn sich unzählige Male anhören. Als ich zum letzten Mal versuchte, über einen Mann hinwegzukommen, sagte ein sehr kluger Freund zu mir: »Weißt du, niemand sollte die Macht haben, dein Leben zu ruinieren, bloß indem er sich von dir trennt.« Er hatte natürlich recht. Wenn man glaubt, der eigene Lebenssinn und Selbstwert hingen für immer von der Liebe eines Partners ab, läuft irgendetwas schief. Mein Leben hat nie einem anderen gehört, der es ruinieren könnte, und dasselbe gilt auch für deinen Freund. Wenn ich heute die Chance bekäme, würde ich mit keinem der Männer, von denen ich damals behauptete, sie hätten »mein Leben ruiniert«, weil sie nicht mit mir zusammen sein wollten, eine Beziehung eingehen. In Sachen Liebeskummer treffen sämtliche Klischees zu: Die Zeit heilt alle Wunden; niemand weiß, wie lange es dauert; dein Freund wird über dich hinwegkommen.

Es wird furchtbar sein, dann traurig, dann anders, und zuletzt werdet ihr frei sein und irgendwann wieder glücklich. Ich spreche ganz bewusst von euch beiden. In dieser Kolumne versuche ich, mich mit Handlungsanweisungen zurückzuhalten (unter den Blinden ist die Einäugige usw.), aber in deinem Fall klingt es, als müsstest du dich wirklich trennen. Du musst jetzt tapfer und ehrlich sein. Er wird sich neu verlieben, und du auch, und irgendwann werdet ihr beide dankbar sein für deine Entscheidung, eine Beziehung zu beenden, die nicht mehr funktioniert hat. Du solltest ihm die Chance geben, eine Frau kennenzulernen, die ihn wirklich will. Und eines Tages wird er verstehen, dass das wahres Mitgefühl war.

Liebe Dolly: »Mein erster Freund lebt mittlerweile in einer gleichgeschlechtlichen Beziehung, aber ich kann nicht aufhören, an ihn zu denken«

Meine erste große Liebe war eine turbulente On-Off-Beziehung, die fast zehn Jahre gehalten hat. Ich betrachte den Mann bis heute als meinen Seelenverwandten. Wir sind Mitte zwanzig im Unguten auseinandergegangen, und seither bin ich in einer stabilen und unheimlich glücklichen Beziehung mit meinem Freund. Vor ein paar Jahren habe ich erfahren, dass meine erste Liebe sich auf einen Mann eingelassen hat; die beiden sind bis heute zusammen. Ich war immer eine Unterstützerin der LGBTQ+-Community, aber das hat mich sehr verletzt. Hat er mich je geliebt? Hat er immer schon so empfunden? Hat er sich nie überlegt, dass ich es herausfinden und dann genau diese Ängste entwickeln könnte? Sobald ich allein bin, zermartere ich mir das Hirn. Außerdem werde ich den überaus egoistischen Gedanken nicht los, dass ich erst zur Ruhe kommen kann, wenn ich mich in sein Leben einmische.

Unsere Gefühle sind alles Mögliche, aber ganz bestimmt nicht rational. Hochgekochte Emotionen lassen sich nicht durch Fairness abkühlen. Wir sollten nicht zulassen, dass unsere Gefühle unser Handeln bestimmen, doch manchmal fällt es uns schwer, sie in Schach zu halten. Deine Verwirrung angesichts des Ex, der nun mit einem Mann zusammenlebt, hat nichts mit deiner Unterstützung für die LGBTQ+-Community zu tun.

Ehrlich gesagt glaube ich nicht, dass es die neue Partnerschaft deines Ex ist, die dich so verwirrt. Ich frage mich auch, ob du wirklich verwirrt bist. Wahrscheinlich ist dein Ex jetzt mit einem Menschen zusammen, den du für das Gegenteil deiner Person hältst, und aus diesem Grund fühlst du dich unzureichend. Selbst, wenn er sich für eine Frau entschieden hätte, würdest du Mittel und Wege finden, bei der Analyse eurer Vergangenheit die Unterschiedlichkeiten in den Mittelpunkt zu rücken. Du betrachtest seine aktuelle Beziehung als Kommentar zu eurer gemeinsamen Zeit und seine Partnerwahl als einen Beweis dafür, dass ihm bei dir etwas gefehlt hat.

Hier ist die langweilige Wahrheit, die du im Gefühlsnebel vielleicht nicht sehen kannst: Die aktuelle Beziehung deines Ex schmälert nichts von dem, was ihr beide hattet. Er hat sich nicht aus dem einzigen Grund auf die neue Beziehung eingelassen, um eine andere Version von dir zu finden oder jemanden, der ihm bieten kann, was du nicht hattest. Wenn er auf ein Date gegangen ist, war es bestimmt nicht in der Hoffnung, ein Upgrade von dir zu finden. Er hat sich verliebt, und das hat nichts mit dir zu tun.

Der Verlust einer Beziehung und dessen, was wir mit einem anderen Menschen geteilt haben – eine gemeinsame Sprache, Sex, Erinnerungen –, ist traumatisierend, und so können wir nicht glauben, dass all das nun verschwunden sein soll. Wir wollen uns vergewissern, dass es woanders weiterexistiert. Wir bilden uns ein, der Ex würde es in seine neue Beziehung hinübertragen, was den Gedanken an sein neues Lebens umso schmerzhafter macht. Aber es ist keinesfalls so, dass er eure Beziehung in veränderter Besetzung wiederholt; nein, er baut sich mit einem anderen Menschen ein neues Leben auf. Ein Leben mit einer anderen Sprache, anderem Sex und frischen Erinnerungen. Er liebt seinen Freund auf völlig andere Weise, als er dich geliebt hat. Beide Beziehungen existieren unabhängig voneinander, und er existiert unabhängig darin. Du sprichst davon, du seist mit deinem neuen Freund sehr glücklich; ganz bestimmt warst du es während der zehn Jahre mit deinem Ex auch. Beide Beziehungen waren zu einem bestimmten Zeitpunkt in deinem Leben richtig. Wahrscheinlich sieht dein Ex, wenn er an dich denkt, die Sache genauso.

Über seine Sexualität könnten wir alle möglichen Spekulationen anstellen. Vielleicht hat er immer gewusst, dass er auf Männer steht, es aber niemandem erzählt. Oder vielleicht wurde es ihm erst nach eurer Trennung bewusst. Vielleicht hat er gar keine Lust, sich in eine Kategorie stecken zu lassen. Mit Sicherheit kannst du nur wissen, dass er sich in zwei Menschen verliebt hat, die zufälligerweise unterschiedlichen Geschlechts sind. Könntest du mit dieser Tatsache Frieden schließen? Oder hast du immer noch das Bedürfnis, mit ihm zu reden? Ich an deiner Stelle würde mir das gründlich überlegen, und falls es dazu kommt, solltest du, statt Antworten einzufordern, eine Gesprächssituation schaffen, in der er seine Sichtweise darlegen kann. Seine aktuelle Beziehung geht dich nichts an und umgekehrt. Und er ist es dir nicht schuldig, für den Rest seines Lebens mit Frauen zusammen zu sein, nur um deinem Bild von ihm gerecht zu werden.

Falls du von Grübeleien gequält wirst, beweist das noch lange nicht, dass er dich nie geliebt hat. Die einzigen belastbaren Hinweise finden sich in deinen Erinnerungen an eure Beziehung. Halte sie fest. Sie sind kostbar und lügen nicht.

Vor kurzem erhielt eine Freundin von mir eine Nachricht mit einer längeren Erklärung von einem Mann, auf die sie jahrelang gewartet hatte. Sie machte einen Screenshot, schickte mir das Foto und löschte die Nachricht, ohne dem Mann zu antworten. Ihr war fast das Herz stehengeblieben. Ihre lang einstudierte Rede, an der wir als Mittzwanzigerinnen nächtelang im Pub gefeilt hatten, fiel einfach aus. Sie hatte immer geglaubt, sie brauche Antworten, um mit ihm abschließen zu können, aber dann hatte sie es auch so geschafft, ganz allein und ohne es zu merken. Wahrscheinlich ist der Frieden, nach dem du dich sehnst, zum Greifen nah.

Liebe Dolly: »Ich kann nicht aufhören, meinen Ex auf Social Media zu stalken«

Vor gut einem Jahr haben mein Ex und ich uns getrennt, und seither kann ich nicht damit aufhören, ihn auf Social Media zu stalken. Vor dem Beziehungsende hat er sich einen Instagram-Account erstellt, postet dort aber erst seit kurzem. Ich habe natürlich sofort gedacht, dass er damit meine Aufmerksamkeit erregen will. Außerdem stalke ich ihn (und seine Freunde) regelmäßig auf Facebook, Spotify, Strava und so weiter – also überall. Und dann rege ich mich auf oder phantasiere mir irgendwelche Sachen zurecht. Beispielsweise habe ich mir eingeredet, dass er eine neue Freundin hat, hauptsächlich weil es da eine Frau gibt, der er und sein Kumpel neuerdings auf Instagram folgen. Wie kann ich mir dieses lächerliche Verhalten abgewöhnen?

Monate nach unserer Trennung führten mein Ex und ich ein tränenreiches Abschlussgespräch. Ich beichtete ihm, dass ich mir immer wieder zwanghaft sein Twitter und Instagram ansah, woraufhin er sagte, er sei nur »ein paarmal eingeknickt«. Ich wollte wissen, woher er so viel Selbstdisziplin nahm. »Egal, was ich auf deinen Profilen entdeckt hätte, es wäre mir hinterher nicht besser gegangen«, erklärte er. Seine Logik machte mich wütend. Ich begriff, dass er nicht mehr Selbstdisziplin hatte als ich, sondern einfach nur mehr Selbstmitgefühl. Ich war neidisch.

Egal, was man auf den Profilen seiner Exbeziehung entdeckt – hinterher wird man sich nicht besser fühlen. Und doch kann der masochistische Kick, wenn man einen schnellen Blick riskiert, süchtig machen. Selbst im besten Fall wird man sich schrecklich fühlen. Das berauschende Herzklopfen, wenn man den vertrauten Handle ins Handy eintippt, die Spannung, während die Seite lädt, die kurzzeitige Erleichterung, wenn es nichts Interessantes zu sehen gibt, die Scham, es schon wieder getan zu haben, das Löschen des Verlaufs, damit man es zukünftig nicht wieder tut, der unvermeidliche Rückfall in alte Gewohnheiten nur wenige Tage später.

Im schlimmsten Fall mischt sich in den Schmerz ein Triumphgefühl, wenn die öffentlich ausgestreuten Informationskrümel belegen, was man insgeheim längst vermutet: Er hat sich umorientiert, er hat jemanden kennengelernt, ich bin ihm egal, ich war ihm immer egal, ich habe es immer gewusst, ha. Und all das, obwohl jeder halbwegs aufgeweckte Millennial weiß, dass sich die Lebensrealität eines Menschen nicht aus seinen Social-Media-Auftritten ableiten lässt. Du wirst nie erfahren, wie es deinem Ex wirklich geht, indem du aus Spekulationen, die auf seinen Kommentaren und Posts basieren, ein forensisches Profil erstellst.

Du musst aus dem Suchtkreislauf ausbrechen, aber ganz allein wird dir das nicht gelingen. Es gibt jedoch

Hilfe: die Option »Blockieren«. Versuch gar nicht erst, ihn stummzustellen oder deine »Zeit auf Social Media zu begrenzen«. Es wird nicht funktionieren. Du musst ihn blockieren. Als ich zum ersten Mal einen Ex blockierte, überkam mich plötzlich eine Welle des Mitgefühls für alle Männer, die mich jemals blockiert hatten. Ich hatte immer geglaubt, es hätte daran gelegen, dass sie mich hassten oder verhindern wollten, dass ich bestimmte Posts sah; doch als ich dann selbst jemanden blockieren musste, weil ich immer noch in ihn verliebt war, begriff ich: Jemand blockiert dich nicht, weil er fürchtet, du könntest sein Profil besuchen, sondern weil er dein Profil zu oft besucht. In den meisten Fällen ist Blockieren keine Waffe, um einen anderen zu verletzen, sondern eine Rüstung, die dem Selbstschutz dient.

Widerwillig komme ich noch einmal auf meinen weisen Ex zurück: Egal, was du auf seinen Profilen entdeckst, es wird dir hinterher nicht besser gehen. Nun ja, das ist gelogen. Schließlich könnte er ja ein besonders unattraktives Foto von sich posten, mit Saucenfleck auf dem T-Shirt und tränennassen Wangen. Vielleicht lautet die Bildunterschrift: »Hey, Leute. Seien wir mal ehrlich. Seit der Trennung habe ich nichts anderes getan, als an SIE zu denken. Ich habe versucht, mit einer anderen Frau zu schlafen, aber der Sex war im Vergleich einfach nur schrecklich. Ich vermisse sie jeden Tag. Meine Familie und meine Freunde reden nicht mehr mit mir, weil sie die Trennung für einen dummen Fehler halten. Sie sagen: ›DU WIRST NIE WIEDER EINE FRAU LIEBEN, WIE DU SIE GELIEBT HAST. BIST DU DUMM, ODER

WAS?!?‹ Wie dem auch sei. Ich weine mich jede Nacht in den Schlaf, aber nicht mal dort habe ich Ruhe, weil ich ständig von ihr träume. Wünsche euch allen ein schönes Wochenende!«

Ich habe nach jeder Trennung auf diese Nachricht gewartet, muss dir aber leider sagen, sie kommt nie.

Ich weiß, es ist hart: Er kann jetzt tun und lassen, was er will. Er wird mit anderen Sex haben, er wird sich verlieben, vielleicht wird er eines Tages sogar heiraten. Wahrscheinlich wird es genau so kommen, du kannst bloß nicht wissen, wann.

Vielleicht wird das alles im Laufe der nächsten fünfzig Jahre passieren oder in den nächsten fünf Monaten. Fest steht nur eins, sein Leben wird ohne dich weitergehen. Du kannst ihn nicht an einer unsichtbaren Leine halten, indem du nachschaust, was bei ihm los ist – von nun an hast du es nicht mehr unter Kontrolle. Er kann aus seinem Leben machen, was er will.

Doch es gibt auch eine gute Nachricht: Du kannst das ebenfalls. Ihr seid jetzt beide frei. Blockiere ihn, um ihn nicht mehr stalken zu können, und wenn dich die Neuigkeiten aus seinem Leben dann irgendwann mit Verzögerung erreichen, bist du längst über ihn hinweg. Dann werden sie sich nicht einmal mehr wie Neuigkeiten anfühlen.

Liebe Dolly: »Ich bin seit Jahren glücklich verheiratet, komme aber nicht über meine erste große Liebe hinweg«

Ich bin (glücklich, wie ich meine) mit einem wunderbaren Mann verheiratet. Meine Entscheidungen, Wünsche und Träume sind ihm ebenso wichtig wie seine eigenen, und oft hat er mich dazu ermutigt, sie zu verwirklichen. Alle sagen mir immer, wie glücklich ich mich schätzen kann, diesen besonderen Mann seit so vielen Jahren an meiner Seite zu haben, aber – und nun kommt ein großes Aber – anscheinend kann ich die Vergangenheit nicht loslassen.

Vor vielen Jahren war ich verrückt nach einem Mann, in den ich mich auf den ersten Blick verliebt hatte. Er wollte ganz offensichtlich nichts von mir. Vor einigen Jahren sind wir durch eine WhatsApp-Gruppe wieder in Kontakt gekommen, und nun stehe ich emotional wieder ganz am Anfang. So lange Zeit später habe ich wieder die gleichen Gefühle wie damals.

Mit meinen übereifrigen Nachrichten habe ich ihn abermals verschreckt, und nun hat er sich seit über einem Jahr nicht mehr bei mir gemeldet. Trotzdem kann ich nicht aufhören, an ihn zu denken. Ich habe solche Schuldgefühle

und weiß ganz genau, dass das alles zu nichts führen wird. Hast du ein Heilmittel, einen Vorschlag, irgendwas für mich? Bitte hilf mir, sonst werde ich verrückt. Noch nie hatte ich so starke Gefühle. Hoffentlich kannst du mir einen Ausweg aus dem Dilemma aufzeigen. Bitte, hilf mir.

AT

Wenn es darum geht, über eine Verliebtheit hinwegzukommen, lautet der beste Ratschlag, den ich zu dem Thema je bekommen habe: Konzentriere dich auf das, was dieser Mann wirklich ist, nicht auf dein Idealbild von ihm. Im Hinblick auf unser Begehren ist es oft unser Wunschdenken, das die Glut anfacht, nicht die Realität: wofür er steht; wie wir ihn uns vorstellen; was er uns im Leben zu bieten hätte und was uns gerade fehlt; wer wir an seiner Seite sein könnten. Unsere Phantasien können zur Obsession werden, und je mehr Zeit wir ihnen widmen, desto schlechter können wir zwischen dem selbst erschaffenen Mythos und den nackten, harten Fakten unterscheiden. Ich möchte deinen Schmerz und deine Verwirrung nicht kleinreden, aber ich denke, es täte dir gut, das, was zwischen dir und diesem Mann tatsächlich ist, von der Geschichte in deinem Kopf zu lösen.

Aus deinen Zeitangaben schließe ich, dass du Anfang oder Mitte vierzig bist. Du bist noch jung, näherst dich aber der Lebensmitte. Du bist soeben in deine zweite Lebenshälfte eingetreten, was vermutlich aufregend und belebend ist oder auch entmutigend und anstrengend, oder alles zugleich (ähnlich wie ein Abend im National Theatre). Ich bin weit davon entfernt, dir eine Krise anzudichten, aber vielleicht hast du dich deshalb so auf einen Mann aus deiner Vergangenheit kapriziert, um nicht über deine Zukunft nachdenken zu müssen. Ich möchte nicht harsch klingen, aber vielleicht hat deine Obsession weniger mit ihm zu tun als mit deiner Angst vor dem Älterwerden.

Angeblich grübeln wir am ausgiebigsten über unsere erste Liebe nach, je länger sie zurückliegt. Woran liegt das? Die erste Liebe ist in den seltensten Fällen die größte. Der Sex ist unbeholfen, wir sind jung und kennen uns selbst nicht, wir reden aneinander vorbei, die Lust ist überwältigend und die Trennung fühlt sich an wie ein Todesurteil. Ich glaube, die Romantik der ersten Liebe wächst mit dem Alter, weil wir die Freiheit jener ersten Beziehung vermissen. Kein Druck, sich zu binden, keine fälligen Rechnungen, keine Kinder zu versorgen, keine Ahnung, was die Zukunft bringt und kein enttäuschter Zynismus, weil wir zu jung waren, um zu wissen, was alles schiefgehen kann. Vielleicht sehnst du dich nicht nach einer Beziehung mit diesem Mann, sondern nach dem Teenager von damals, der mit einem Boddington in der Hand in der Studentenkneipe stand und zum ersten Mal von Amors Pfeil getroffen wurde.

Aber wenn du heute mit ihm zusammenkämst, wärst du nicht mehr die schmerzlich vermisste Jugendliche von damals. Du kannst nicht länger als für eine Stunde oder eine Nacht in deine Vergangenheit zurückreisen. Du hast zu viel erlebt, gesehen und gefühlt, um dich im Kopf dieses Teenagers einzurichten. Und wenn du jetzt versuchen willst, die physikalischen Gesetze zu überwinden, wird es dir nicht gelingen.

Außerdem erscheint es mir nicht wie ein Zufall, dass du seit Jahren mit deinem Partner zusammen bist und wahrscheinlich ein größeres Jubiläum ansteht. Vielleicht fühlt deine Partnerschaft sich zu vertraut an, vielleicht hängst du in einer Routine fest oder empfindest die Zukunft als zu vorhersehbar. Das wäre vollkommen verständlich. Genauso wenig ist es wohl ein Zufall, dass der Mann, auf den du gerade den Fokus deiner Leidenschaft richtest, kein Interesse an dir hat und du ihn anscheinend gar nicht so gut kennst. Einseitig verliebt in einen relativ fremden Mann – du hättest dich für jemanden entscheiden können, der dir entweder gefährlich werden kann oder unerreichbar ist.

Um Klarheit zu gewinnen, brauchst du einen kalten Entzug. Keine Tagträume, keine Nachrichten, kein Stalking auf Social Media. Ich muss dich warnen: Es wird sich anfühlen wie ein Drogenentzug. Was nicht bedeutet, dass er deine wahre Liebe wäre, sondern dass deine Gehirnchemie in eine Balance zurückfindet. Gib dir selbst den Raum und die Zeit, herauszufinden, was du in deinen Phantasien eigentlich suchst. Was entspannt dich und lenkt dich vom Alltag ab? Sehnst du dich nach mehr Abwechslung? Nach mehr Romantik? Nach den Verheißungen eines neuen Abenteuers? Denn all das lässt sich haben, ohne dass du deine eingespielte, glückliche Beziehung beenden musst, die eine reiche Vergangenheit hat und eine sichere Zukunft. Das ist natürlich mit Arbeit verbunden und vielleicht die größte aller Herausforderungen einer lebenslangen Ehe, aber nicht unmöglich.

Und noch ein letzter Rat: Was immer du tust, sieh dir bloß nicht die Serie *Normal People* an.

Liebe Dolly: »Ich habe Angst, der Sex mit meinem Ex könnte der beste meines Lebens bleiben«

Ich liebe Sex. Ich liebe es, Sex zu haben und darüber zu reden. Manchmal war es toll, meistens war es ganz okay, oft war es schrecklich. Aber die körperliche Anziehung, wie ich sie mit meinem Exfreund hatte – und ich sage das im vollen Bewusstsein, dass es wie ein Klischee klingt –, war einfach umwerfend. Manchmal hatten wir vier oder fünf Mal in derselben Nacht Sex, selbst als wir schon seit einem Jahr zusammen waren. Etwas Vergleichbares habe ich nie gefühlt. Die Beziehung ist dann leider aus anderen Gründen in die Brüche gegangen. Ich habe wieder mit dem Daten angefangen, aber die Erlebnisse, die ich bis jetzt hatte, waren ziemlich enttäuschend. Ich mache mir große Sorgen, nie wieder Sex auf diesem Level zu haben. Was, wenn der Sex mit meinem Ex der beste meines Lebens bleibt?

Wenn eine Beziehung noch jung und der Sex besonders toll ist, können wir uns nur schwer vorstellen, dass diese Unersättlichkeit irgendwann zu Ende geht. Jedes Paar, das gerade in den Klauen einer besonders geilen Flitterwochenphase hängt (die angeblich bis zu zwei Jahre anhalten kann), glaubt insgeheim, es hätte den Monogamiecode von Langzeitbeziehungen gehackt, der doch eigentlich dafür sorgt, dass die sexuelle Energie irgendwann schwindet. Wir sehen uns selbst, wie wir uns viele Jahrzehnte in der Zukunft immer noch vier Mal wöchentlich und bis zum Morgengrauen einem Sexmarathon hingeben. Wie wir Eltern werden und uns im Legoland kichernd für einen Quickie auf der Toilette verstecken oder uns als lüsterne Rentner im Golfcart vergnügen.

Doch den wenigsten von uns gelingt es, diese Intensität aufrecht zu halten, egal wie gut der Sex ist oder wie groß die gegenseitige Anziehung. Bei den meisten Leuten lässt der Drang nach Sex – dieses Gefühl, sterben zu müssen, wenn man den Kneipenabend nicht sofort beendet, ins Taxi springt und sich SOFORT zum Objekt der Begierde fahren lässt – irgendwann nach und weicht anderen Bedürfnissen, die entspannter sind und besser zur aktuellen Lebensphase passen. Ich will versuchen, dich zu beruhigen, indem ich dich darauf hinweise, dass eure sexuelle Verbindung vielleicht immer noch stark, aller Wahrscheinlichkeit nach aber nicht ganz so heftig geblieben wäre. Zu einer Beziehung gehören zwei Menschen, zwei Körper, zwei Gehirne und zwei Alltage. Eine so intensive Sexualität aufrechtzuerhalten und nebenbei das Leben in all seinen Zyklen zu durchlaufen, wäre wohl unmöglich.

Und wenn ihr weiterhin so viel Sex gehabt hättet, wäre es wohl eher Ausdruck eines Zwangs gewesen als von Leidenschaft. Nach seinem Sexualpartner süchtig zu sein, kann Spaß machen, aber gesund oder nachhaltig ist es nicht, und sicher findest auch du, dass Sex Spaß machen soll, nicht abhängig. Außerdem frage ich mich, ob fünf

Mal Sex am Tag dich langfristig glücklich machen würde. Lass mich ausreden: Sex in einer Beziehung ist auch deswegen so schön, weil man sich im Laufe der Jahre ein gemeinsames Repertoire erarbeitet. Es gibt den verschlafenen Sex mitten in der Nacht, wenn beide zufällig aufgewacht sind; er wird vergessen und ist erst wieder präsent, wenn man ihn am nächsten Tag erwähnt; den wilden Wiedererweckungs-F*** nach zwei sexlosen Wochen; den spontanen, unerwarteten Sex auf dem Sofa, während man *The Crown* schaut. Solche Abwandlungen sorgen dafür, dass die intensiven Momente sich unglaublich real anfühlen. Außerdem: Wer ständig Sex hat, muss in der örtlichen Drogerie sämtliche Mittel gegen Blasenentzündung aufkaufen, und das ist doch unfair den anderen Frauen aus der Nachbarschaft gegenüber.

Eine Beziehung, in der Sex die wichtigste und aufrichtigste Kommunikationsform ist, würde mich misstrauisch machen. Sex ist wichtig für eine Beziehung, natürlich, aber wenn man ihn braucht, um sich einander mitzuteilen, kann sich leicht ein falsches Gefühl von Nähe entwickeln, das sich irgendwann als Illusion erweist.

Außerdem möchte ich dich davor warnen, in Superlativen zu denken. In meinen Jahrzehnten auf dieser Erde habe ich gelernt, dass der Superlativ, auf den du dich gerade beziehst, nie der Superlativ deines ganzen Lebens bleibt. Das Leben ist lang und unberechenbar, und du hast noch so viel vor dir. Das Jahr, von dem ich dachte, es wäre das schlimmste meines Lebens, erwies sich am Ende nicht als das schlimmste. Auf den Tag, den ich für den glücklichsten hielt, folgte irgendwann ein noch glücklicherer

Tag. Ich war überzeugt, meiner großen Liebe begegnet zu sein, bis ich mich dann in jemand anderes verliebte. Der beste Sex deines Lebens liegt garantiert nicht in der Vergangenheit, und ich an deiner Stelle würde versuchen, nicht zu viel Zeit in diesen fatalistischen Gedanken zu investieren, vor allem wo deine Zukunft ungewiss ist.

Sei froh, dass du eine so intensive sexuelle Verbindung zu einem anderen Menschen gespürt hast. Bedanke dich (beim Universum, nicht bei dem Mann – auf gar keinen Fall solltest du ihm eine Dankesnachricht schreiben) und betrachte es als Vorgeschmack auf die Zukunft. Dein Ex war kein Sex-Superheld, denn an eurem Sexleben wart ihr beide beteiligt. Guter Sex hängt davon ab, dass man aufeinander steht und offen kommuniziert. Du wirst ihn wieder erleben, mit der richtigen Person.

Liebe Dolly: »Kann ich mit meinem Ex befreundet bleiben?«

Kann man wirklich mit seinem Ex befreundet bleiben? Letztes Jahr endete meine siebenjährige Beziehung. Er war der beste Freund, den ich je hatte. Inzwischen sind wir beide neu verliebt, aber sehr bemüht, Freunde zu bleiben. Wir treffen uns ein Mal pro Woche, doch ich fürchte, dass wir einander verlieren, wenn es mit unseren jeweiligen Partnerschaften ernster wird. Nicht mehr der wichtigste Mensch in seinem Leben zu sein, tut sehr weh, und das Gefühl wird schlimmer, je besser es mit ihm und seiner Neuen läuft. Soll ich ihn loslassen und mich zurückziehen, bis alles nicht mehr so frisch ist? Können wir weiterhin eine bedeutsame Rolle im Leben des anderen spielen?

Immer schon habe ich Paare beneidet, die nach der Trennung befreundet bleiben können. Ich finde so etwas außerordentlich elegant. Dass zwei Menschen ihr Ego beiseiteschieben, den alten Groll überwinden und es schaffen, eine romantische Beziehung in eine platonische zu überführen, kommt nur selten vor. Ich kenne einige miteinander befreundete Exen, die sagen, Freundschaft sei ihnen immer vorherbestimmt gewesen und das Paarleben nur ein Schritt auf dem Weg dorthin. Andere geben an, so eng befreundet zu sein, dass sie sich nicht mehr an ihre sexuelle oder romantische Vergangenheit erinnern können. Ich kenne sogar ein Expaar, das die Patenschaft für die Kinder des jeweils anderen übernommen hat. Wie Hugh Grant und Liz Hurley, nur ohne den Sexskandal.

Ich glaube, die meisten von uns haben mindestens einen oder eine Ex, mit dem oder der sie gern befreundet geblieben wären. Einen Menschen, den sie anrufen wollen, wenn ihnen etwas besonders Gutes oder Schlechtes passiert oder ihnen ein alter Insiderwitz wieder eingefallen ist. Ich habe einen Ex, den ich nach zehn Jahren immer noch vermisse, wenn ich bestimmte Alben höre oder bestimmte Orte besuche. Diese Verflossenen leben in unseren Gedanken fast ebenso lange weiter wie die andere Sorte – jene, deren Namen man höchstens noch auf der Seite mit den Todesanzeigen lesen will.

Nur selten werden aus Expartnern langfristig beste Freunde, und das aus gutem Grund. Selbst wenn ihr es schafft und einvernehmlich euren Besitz trennt, nicht nachtragend seid und euch auch nicht zusammen betrinkt und aus reiner Nostalgie miteinander schlaft, habt ihr erst die halbe Strecke zurückgelegt. Denn ihr müsst eure Freundschaft auch euren Partnern erklären und ihnen ihre Ängste nehmen, nach meiner Erfahrung das größte Hindernis auf dem Weg zur Freundschaft mit dem Ex.

Ich finde es nachvollziehbar, dass jemand sich nicht gerade darüber freut, dass der Partner sich wöchentlich mit der oder dem Ex trifft, vor allem nicht nach sieben Jahren Beziehung. Dieses Unbehagen hat nicht notwendigerweise mit Eifersucht zu tun oder mit der Angst, die beiden Expartner könnten erneut zusammenfinden.

Ich denke, es geht hier vielmehr um die Besetzung des intimen Raums. In einer Beziehung möchte man die Person sein, die der Partner oder die Partnerin am häufigsten sieht, am besten kennt und in alle Lebensbereiche einbezieht. Wenn du immer noch so regelmäßig am Leben deines Ex teilhast, kann seine neue oder zukünftige Freundin diese Rolle nicht übernehmen. Wie soll sie die sieben Jahre, die du mit ihm verbracht hast, so schnell aufholen? Wie kann sie sich in seine Familie und seinen Freundeskreis integrieren und alles über ihn erfahren?

Bezeichnenderweise hast du geschrieben, du fürchtest, »nicht mehr der wichtigste Mensch in seinem Leben zu sein«. Ich frage mich, ob du eigentlich deshalb trauerst und nicht, weil er dir als Freund so wichtig wäre. Du kannst ihn immer noch treffen und an seinem Leben teilhaben, auf eine gelassene Weise, die euch beiden genug Raum für eine neue Liebe lässt. Aber womöglich möchtest du eure Beziehung noch nicht endgültig loslassen.

Fakt ist: In den vergangenen sieben Jahren war er nicht dein bester Freund, sondern dein Partner. Sobald du ihm diesen Titel und die damit verbundenen Pflichten nimmst, sobald du nicht mehr die Frau bist, mit der er aufwacht und einschläft, wird eure Beziehung weniger intensiv sein. Das geht gar nicht anders.

Ich glaube, du musst dich von deiner alten Beziehung verabschieden. Dies könnte in einem ehrlichen Gespräch mit deinem Ex geschehen, bei dem ihr neue Grenzen und einen großzügigeren Terminplan für eure Freundschaft vereinbart. Oder vielleicht musst du diese Aufgabe allein lösen. Mit therapeutischer Hilfe vielleicht, durch Gespräche mit Freundinnen, viel Nachdenken oder sogar ein Hexenritual, bei dem du eure inneren Bänder kappst. *(Wir sehen uns im Heilkristall-Shop, gleich bei den Salbeistäbchen!)*

Anfangs wird es dir schwerfallen. Du wirst die volle Wucht des verschleppten Kummers zu spüren bekommen, weil du nie richtig um die Beziehung getrauert, sondern dich zur Entwöhnung auf eine verwässerte Version davon eingelassen hast. Aber du hast deinen Ex nicht verloren, und eines Tages wirst du wieder der wichtigste Mensch im Leben eines anderen sein – du wirst deinen Verbündeten, Teamkameraden und deine andere Hälfte finden. Das kannst du aber nicht erfahren und ausleben, wenn dein Ex weiterhin der wichtigste Mensch in deinem Leben bleibt.

Liebe Dolly: »Ich habe eine Trennung hinter mir und fühle mich, als hätte man mir das Herz herausgerissen. Der Schmerz ist unerträglich«

Ich habe eine Trennung hinter mir und fühle mich, als hätte man mir das Herz und alle anderen Organe aus dem Leib gerissen und wieder hineingestopft. Ich bin jetzt zweiundzwanzig und erlebe meinen dritten und mit Abstand schlimmsten Liebeskummer. Ich weiß, dass Liebeskummer von der Länge der Beziehung abhängt und davon, wie viel sie einem bedeutet hat, aber wird es irgendwann leichter? Hast du irgendwelche Weisheiten für mich? Zum ersten Mal im Leben spüre ich einen unerträglichen Schmerz.

Als ich Journalismus studierte, hatte ich eine Dozentin namens Marcelle D'Argy Smith. In den Achtzigern hat sie als Redakteurin bei *Cosmopolitan* gearbeitet, und in Sachen Liebe und Beziehungen ist sie allwissend. In der ersten Vorlesung schilderte sie, wie sie einmal eine Freundin besuchte, die gerade von ihrer unheilbaren Krebserkrankung erfahren hatte. »Wie geht es dir?«, fragte sie die Freundin, und die Antwort lautete: »Es ist nicht so schlimm wie Liebeskummer.«

In meinen Dreißigern fand ich vor allem die Erkenntnis niederschmetternd, dass es mit dem Liebeskummer nicht leichter wird. Leider habe ich keine bessere Nachricht für dich. Ich kann es selbst kaum glauben. Aber wie sich herausstellt, ist es egal, wie viele Therapiestunden man hinter sich hat. Es spielt keine Rolle, wie viele Fehltritte von Freundinnen man miterlebt oder wie viele Ratgeberkolumnen man gelesen hat (reine Zeitverschwendung).

Unsere Neigung, uns von der Liebe zurechtstutzen und demütigen zu lassen, ist unausrottbar, und schon die Tatsache an sich hat etwas Unglaubliches. Es handelt sich um einen Teil von uns, der niemals altert und in jedem Lebensabschnitt eine neue Ausdrucksweise findet. Aus dem abservierten Teenager wird die Frau, die ihre Scheidungspapiere unterzeichnet.

Vor kurzem habe ich eine Freundin besucht, die in diesem Jahr fünfzig wurde. Sie ist alleinerziehende Mutter und hat drei erwachsene Töchter. Bei jedem Treffen berichtet sie von einer aufregenden Nacht mit einem ihrer vielen austauschbaren Lover. Wenn ich sie frage, ob sich aus den Nächten mehr entwickeln könnte, lacht sie und versichert mir, dieser Teil ihres Lebens sei vorbei. Sie hat gelernt, mit den Männern Spaß zu haben, ohne sich an sie zu binden. Doch nun erzählte sie mir, sie habe vor einem Monat einen neuen Mann kennengelernt und sei jetzt seine Freundin. »Du wirst es nicht glauben«, sagte sie, »ich bin total verliebt.« Die Wahrheit ist ebenso schön wie schrecklich: So wie unsere Anfälligkeit für Herzschmerz niemals schwindet, bleibt uns auch unsere Liebesfähigkeit erhalten.

Leichter wird es höchstens dadurch, dass man weiß, jeder Liebeskummer geht irgendwann zu Ende. Und je öfter man ihn durchsteht, desto besser weiß man, man wird es überleben. Du hast noch keine Vorstellung vom zeitlichen Rahmen, und es wird auch nicht ablaufen wie im Film. Du wirst dich in keiner Montagesequenz wiederfinden, in der du dich zu einem Song von Alanis Morissette in eine neue Frau verwandelst. Aber eines Tages wirst du aufwachen und nicht sofort an deinen Ex denken. Du wirst traumlos schlafen, und sein Gesicht wird abwesend sein. Du wirst sehen, wie das frühe Morgenlicht durch die Jalousien dringt, und dich daran erinnern, welchen Spaß du früher ohne ihn hattest – Spaß, den du wieder haben wirst. Liebeskummer ist ein innerlicher Verkehrskollaps, und eine Zeit lang gibt es aus dem Gedankenstau kein Entkommen. Doch dann irgendwann tut sich irgendwo eine Lücke auf, ohne dass du es gemerkt hast, und du kannst endlich wieder etwas anderes fühlen.

Bis dahin solltest du dich ablenken, so gut es geht. Und falls Ablenkung nicht ausreicht, falls du wieder mal weinend in der U-Bahn sitzt und dieses *verdammte* Lana-Del-Rey-Album hörst, solltest du dir vor Augen halten, dass du etwas verarbeitest. Vielleicht hast du den Eindruck, Wochen deines Lebens in sinnlosem Schmerz zu verpassen, aber so ist es nicht. Du gehst hindurch und kommst dem rettenden Ufer immer näher.

Einmal wurde mir das Herz gebrochen – mit einem Vorschlaghammer –, und ich traf mich auf einen Drink mit einer glücklich verheirateten Freundin, die über vierzig und Mutter ist. Meine Tränen tropften ins Weinglas, und ich jammerte, ich wolle schlafen, bis alles vorbei sei. Sie nahm mich bei den Schultern und sagte: »Eines Tages wirst du darauf zurückblicken und denken: Ich habe mich nie lebendiger gefühlt.«

Ich will deinen Schmerz nicht romantisieren, aber heute weiß ich, was meine Freundin mir sagen wollte. Die Trauer ist wie ein Elektroschock, der uns unsere Lebendigkeit bewusst macht – wir suchen Kontakt, wir erschaffen und wir sorgen uns. Wir nehmen Anteil und holen aus unserer kurzen Zeit auf Erden das meiste raus. Wir öffnen uns, gehen Risiken ein und verstricken uns in fremde Leben.

Wenn du dein gebrochenes Herz das nächste Mal knacken hörst, betrachte es als eine Art bizarres Privileg. Das Ausmaß deines Verlusts spiegelt das Ausmaß deiner Liebe wider. Du wirst dich nicht ewig so fühlen, versprochen, und zurückbleiben wird nur ein Staunen darüber, dass du einen anderen Menschen so sehr lieben konntest. Was du jetzt erlebst, wird dich ebenso weicher wie härter machen, dir Stärke schenken und Schwäche erlauben. Du hast geliebt, und es hat dich verändert. Du kannst dich glücklich schätzen.

Körper & Seele

1. **Dating**
2. **Freundschaft**
3. **Beziehungen**
4. **Familie**
5. **Sex**
6. **Trennungen**
7. **Körper & Seele**

Liebe Dolly: »Ich bin neunzehn Jahre alt und sehr unsicher, was mein Äußeres angeht«

Ich bin neunzehn Jahre alt und bin sehr unsicher, was meine äußere Erscheinung angeht. Ich bin sehr extrovertiert, knüpfe schnell neue Kontakte und bin mit meinem Studentinnenleben sehr zufrieden, aber oft fühle ich mich wie das hässlichste Mädchen im Raum. Das Schlimmste daran ist: Ich weiß, dass sich das alles bloß in meinem Kopf abspielt, kann aber trotzdem nichts dagegen tun. Ich ertrage es nicht, mich auf Fotos zu sehen, und ich traue mich nicht, ungeschminkt aus dem Haus zu gehen. Außerdem hatte ich noch nie einen Freund, und obwohl ich weiß, dass du jetzt sagen wirst, dass ich dazu noch jede Menge Zeit habe, kann ich nicht anders, als mich mit meiner besten Freundin zu vergleichen. Sie ist schön und fängt gerade ihre dritte ernste(re) Beziehung an, und ich frage mich, ob alles anders wäre, wenn ich romantische Bestätigung bekommen würde. Hast du einen Rat für mich, wie ich mich davon freimachen kann, ob ich schön bin oder nicht?

Das Wichtigste zuerst: Du solltest dich nicht dafür schämen, dass dein Aussehen dir so wichtig ist. Ich verstehe dich – so etwas ist frustrierend und bitter. Es gibt wohl keine Frau auf der Welt, die sich, wenn sie sich sonntagsmorgens am Kinn zupft oder barfuß auf die Waage steigt, nicht wünscht, es könnte ihr egal sein. Aber natürlich ist es uns nicht egal – wir leben in einer Gesellschaft, die uns seit dem Tag unserer Geburt einredet, unser Aussehen sei unser wertvollstes Gut. Es ist anstrengend genug, sich nicht vorzuwerfen, oberflächlich oder antifeministisch zu sein, bloß weil man morgens nicht aus dem Bett springt, sich an den Bauch fasst und durch die Wohnung tanzt wie in einer Werbung für Special K.

Das Schönheitsideal ist für niemanden so erdrückend wie für Teenager. Als ich neunzehn war, lautete unser Synonym für schön »Sienna Miller«. Wir taten alles Mögliche, um auszusehen wie sie (einige von uns besitzen wie zum Beweis immer noch diese Mokassin-Boots mit Fransen). Einer der vielen Vorteile am Älterwerden ist, dass wir einen eigenen Stil entwickeln und den eigenen Körper und das eigene Gesicht besser verstehen. Außerdem sind wir plötzlich verrückt nach Leuten, die mit unserem Teenie-Schwarm nichts mehr gemein haben. Es ist, ich kann das nicht oft genug betonen, eine reine Freude. Sobald man erwachsen wird, kann Schönheit alles Mögliche bedeuten. Körperbehaarung, graue Haare, Glatze, Narben, Piercings, Sommersprossen – nur einige Beispiele dafür, was du eines Tages vielleicht sexy finden wirst, weil es zu einem bestimmten menschlichen Gesamtpaket dazugehört. Mehrere Beziehungen hinter sich zu haben, ist kein Beweis für Attraktivität. Glaube mir einfach: Es gibt da draußen jede Menge Menschen, die du noch nicht kennst und die du dir nicht einmal vorstellen kannst, aber sie werden dich sehr attraktiv finden.

Gegen ein geringes Selbstwertgefühl gibt es verschiedene Heilmittel, aber dein Aussehen zu verändern, ist das am wenigsten wirksame von allen. Jede Frau, die ihr Aussehen hasst und durch eine extreme Diät oder ein teures Kleid verändern wollte, wird dir dasselbe sagen: Die Gedanken bleiben. Vielleicht werden sie eine Weile leiser, aber sie kommen zurück. Die Oberfläche zu bearbeiten, hilft immer nur kurzfristig. Die wahre Transformation in Sachen Selbstwertgefühl, dieses »Du wirst das Vorher-Nachher nicht glauben«-Makeover hat nichts mit einer perfektionierten Erscheinung zu tun, sondern mit einem starken Charakter.

Du kannst dich stärken, indem du eine zugewandte und interessierte Freundin bist. Oder besonders lustig. Indem du dich auf eine Sache stürzt, dich leidenschaftlich darin verlierst und alles darüber lernst. Indem du Fremden hilfst, obwohl niemand zuschaut. Indem du Beziehungen aufgibst, die dich unglücklich machen. Dich für ein dir persönlich wichtiges Anliegen einsetzt. Über dich selbst lachst. Eine Arbeitsmoral entwickelst, auf die du stolz sein kannst. Auf deine Sicherheit und deine Gesundheit achtest. Ehrgeiz entwickelst und neugierig bleibst. Weißt, was dir im Bett gefällt. Eine Glühbirne, eine Sicherung oder einen Reifen wechseln kannst. Spinnen rettest, statt sie zu erschlagen. Alles davon hilft. Diese winzigen, scheinbar banalen Schritte führen zu mehr Integrität und Selbstachtung. Sie helfen dir, dein Spiegelbild nicht mehr so wichtig zu nehmen. Und das Beste ist, dass Charakter sehr viel robuster ist als Aussehen. Unser Aussehen wird von vielen Faktoren beeinflusst, aber unseren Charakter kann uns niemand nehmen.

Eines Tages wirst du dir wünschen, du könntest die Zeit zurückbekommen, die dich dein Selbsthass jetzt kostet. Unter all den Menschen, die mich im Laufe der Jahre schlecht behandelt und gehemmt haben und herzlos zu mir waren, findet sich auch mein jüngeres Ich. Ich wünschte, ich könnte der Neunzehnjährigen von damals einen Brief schreiben. Stell dir also vor, du würdest eine Nachricht von deinem zehn Jahre älteren Ich erhalten. Stell dir vor, dass ich als Medium fungiere und weiß, was es dir sagen möchte. Ich soll dir ausrichten, dass du niemals wieder so jung sein wirst wie heute, und dass du viele verschiedene Möglichkeiten hast, der Welt deinen Stempel aufzudrücken. Du solltest alle davon ausprobieren. Genieße die Lebensfreude und Freiheit, wie man sie nur mit neunzehn hat. Dein zukünftiges Ich betrachtet gerade ein Foto von dir, und ich muss dir sagen, es findet dich perfekt.

Liebe Dolly: »Meine Freundin trinkt keinen Alkohol mehr und kritisiert mich für jedes Bier«

Ich liebe meine Freundin, habe aber das Gefühl, dass wir unter »Spaß« nicht dasselbe verstehen. In meinem Freundeskreis wird gern getrunken – nicht übermäßig viel, aber am Wochenende treffen wir uns immer auf ein paar Drinks. Meine Freundin hat früher ebenfalls getrunken, in den letzten Monaten aber damit aufgehört, was ich natürlich okay finde. Trotzdem habe ich das Gefühl, dass sie mich für meinen Alkoholkonsum verurteilt. Sie fängt Streit an, wenn ich ein bisschen angeschickert nach Hause komme, und kommentiert jedes Bier, das ich mir zur Entspannung gönne. Ich möchte sie wirklich nicht langweilig finden und trotz ihrer veränderten Gewohnheiten Zeit mit ihr verbringen, aber langsam stört es mich. Was soll ich tun?

Okay, bevor ich dir antworte, möchte ich klarstellen, dass ich im Großen und Ganzen auf deiner Seite bin. Ich glaube, viele Leute setzen Alkohol funktional ein – um zu entspannen, zu feiern, zu entkommen. Was nicht immer mit einem moderaten Konsum einhergeht. Ich bin der Meinung, dass ein gesunder Alkoholkonsum Exzesse zulässt, manchmal ist der Exzess sogar der einzige Zweck des

Trinkens. Solange alle damit glücklich sind und die exzessiven Nächte nicht exzessiv häufig vorkommen, ist alles in Ordnung. Ich antworte dir in gutem Glauben und vertraue dir, wenn du schreibst, dass du nur in deiner Freizeit und nicht zu viel trinkst, der Alkohol keine schädlichen Auswirkungen auf dein Leben hat und du ihm nicht machtlos ausgeliefert bist. In dem Fall finde ich, dass deine Freundin tatsächlich überreagiert. Doch hinter ihrer Reaktion könnten alle möglichen Gründe stecken, die nichts damit zu tun haben, dass sie dich ärgern oder dir den Spaß verderben will. Mir wird zunehmend klar, dass die Aufgabe einer Kummerkastentante (neben scheinheiliger Besserwisserei) darin besteht, sich in die Lage der Person zu versetzen, die im Zentrum einer Beschwerde steht, und mir ihre Sicht der Dinge vorzustellen. Und genau das werde ich jetzt tun.

Du schreibst, du ärgerst dich über ihre Nüchternheit und ihre vermeintlichen Belehrungen, doch über ihren Weg in die Abstinenz sagst du nichts. Warum hat deine Freundin mit dem Trinken aufgehört? Hast du mit ihr darüber gesprochen? Hatte das Trinken schädliche Auswirkungen auf ihre mentale oder körperliche Gesundheit? Mochte sie ihr eigenes Verhalten nicht mehr, wenn sie getrunken hatte? Fürchtet sie, was ihren Umgang mit Alkohol angeht, einen Kontrollverlust? Steht sie jemandem nah, der mit einer Sucht zu kämpfen hat? Nichts davon wäre ein vernünftiger Grund, dich für deine Trinkgewohnheiten zu maßregeln oder von dir zu verlangen, dass du ganz aufhörst, aber es würde ihre anscheinend vorwurfsvollen Bemerkungen in einen Kontext setzen. Vielleicht nimmst du ihre Nüchternheit nur als Kommentar zu deiner Person wahr, statt dich zu fragen, warum sie sich dafür entschieden hat.

Unser Zuhause ist der Ort, an dem wir uns eigentlich sicher und geschützt fühlen sollten. Vielleicht macht sie der Alkohol und alles, was sie damit verbindet, nervös und unsicher. In dem Fall solltest du, wie ich finde, Rücksicht auf sie nehmen. Solange sie sich noch in ihrer Nüchternheit einrichtet, könntest du fernab eures Zuhauses trinken, und mit anderen Menschen. Es besteht jedoch auch die Möglichkeit, dass es sich hier um keine Phase handelt, sondern sie sich grundsätzlich ein alkoholfreies Leben und einen alkoholfreien Partner wünscht. Daran ist nichts falsch, gleichzeitig kann niemand von dir verlangen, auf Alkohol zu verzichten, wenn er dir so viel Vergnügen bereitet. Anscheinend gehört er zu deinem Sozialleben und zu deiner Art zu entspannen dazu, und dafür solltest du dich nicht schämen.

Sorgen mache ich mir allein über deine Aussage, du könntest sie nun langweilig finden. Liegt es daran, dass du dich verurteilt fühlst? (Leute, die andere verurteilen, sind für gewöhnlich sehr langweilig.) Oder findest du ihre Abstinenz langweilig? In dem Fall bist entweder du vom Alkohol abhängig, oder eure Beziehung war es. Ihr solltet in der Lage sein, zusammen Spaß zu haben, ohne euch volllaufen zu lassen. Ihr solltet auch ohne Alkohol in der Lage sein, euer Zusammensein zu genießen, offene Gespräche zu führen und am Wochenende etwas zu unternehmen. Falls dir das Trinken in eurer Paarzeit fehlt, könntet ihr neue Dinge ausprobieren, die du nicht damit in Verbindung bringst. Ich werde hier keine Liste aufstellen, denn nichts ist weniger sexy als eine Liste von Freizeitaktivitäten; ich möchte verhindern, dass dein neuer, nüchterner Alltag mit deiner Freundin sich liest wie ein Freizeitparkflyer. Ich will nur sagen, dass ihr trotzdem Spaß haben könnt, nur vielleicht nicht denselben wie früher.

Wie immer wird auch das leichter sein, wenn du ehrlich mit ihr redest (da ist es wieder, das scheinheilige »Hält, was es verspricht«!). Ihre Kritik hat wahrscheinlich etwas mit Selbstschutz oder Angst zu tun, und damit umzugehen wäre viel einfacher, wenn du sie ein bisschen besser verstehen könntest. Wenn du sie liebst, wäre es die Mühe definitiv wert, und wenn sie vernünftig ist, wird sie einsehen, dass du sie in ihrer Nüchternheit unterstützen und trotzdem dein eigenes Verhältnis zum Alkohol weiterpflegen kannst. Von einer Schnapsdrossel zur anderen: Ich wünsche dir, dass es klappt.

Liebe Dolly: »Ich bin lesbisch, sehne mich aber trotzdem nach männlicher Bestätigung«

Ich bin mir zu 99,9 Prozent sicher, lesbisch zu sein, aber trotzdem kann ich nicht aufhören, mich nach männlicher Bestätigung zu sehnen. Bei der Arbeit habe ich einen Kollegen, den ich ziemlich abstoßend finde, aber er steht auf mich und ich gehe immer wieder darauf ein. Es ist, als könnte ich mich im Job nicht als Lesbe outen, weil ich nicht weiß, wie ich existieren kann, ohne für Männer interessant zu sein. Wie werde ich das Bedürfnis los, immer allen Männern gefallen zu wollen, wo ich doch genau weiß, dass ich sie nicht will?

Wenn du die WhatsApp-Nachrichten lesen würdest, die zwischen mir und meinen Freundinnen hin- und hergehen, könntest du sehen, dass ein Großteil davon mehr oder weniger um deine Frage kreist. Das Eingeständnis heterosexueller Schuld, die heimliche Angst, wir könnten schlechtere Feministinnen sein als gedacht, die Erkenntnis, dass einige unserer nicht hinterfragten Denkmuster enttäuschend patriarchalisch sind. »Ich hätte so gern einen Verlobungsring«, »Ich vermisse den aufdringlichen Wachmann«, »Max Mosley: heiß oder nicht?«

Ich denke, ein Teil der kognitiven feministischen »Aufgabe« besteht unabhängig vom eigenen Geschlecht darin, unbewusste Annahmen über die Welt und die Menschen zu prüfen und sich zu fragen, wie diese Annahmen in unseren Kopf gekommen sind. Haben wir sie von früheren Generationen übernommen? Wurden sie uns durch die Kultur eingetrichtert? Mit welchen sind wir einverstanden, welche widersprechen unseren Überzeugungen? Welche wollen wir behalten, welche hinterfragen? Auf diese Weise entsteht ein authentisches Glaubenssystem, und wir sollten dafür sorgen, dass es sich stetig weiterentwickelt.

Ich glaube aber auch, es gehört zur menschlichen Aufgabe dazu, uns selbst zu verzeihen, wenn wir durch Konditionierung auf Glaubenssätze hereingefallen sind, die sich als falsch erweisen. Einmal habe ich gelesen, es gebe keine falschen Gedanken, nur falsches Handeln. Ich finde die Vorstellung, sein Leben an dieser Maxime auszurichten, sehr befreiend. Du leidest an der Dissonanz zwischen deinem als richtig empfundenen Verhalten Männern gegenüber und deinem Wunsch nach männlicher Bestätigung, und das ist okay. Viel wichtiger ist, dass du etwas ändern möchtest. Deine Frage klingt klar und selbstreflexiv, und anscheinend hast du schon mehr an dir gearbeitet als die meisten von uns.

Ich frage mich, ob an deinem Arbeitsplatz ein frauenfeindliches oder von Machotum geprägtes Klima herrscht. Ich selbst hatte das große Glück, bei meinem ersten Job in einem kreativen, liberalen Büro mit flachen Hierarchien zu arbeiten. Freundinnen von mir haben nach dem Studium sofort bei irgendwelchen Großkonzernen angefangen, und während der Gespräche über unsere Arbeit fiel mir auf, wie unterschiedlich unsere Erfahrungen waren. Einige mussten sich an eine strenge Kleiderordnung halten, andere waren bei Meetings und Konferenzen in der Minderzahl, und alle wurden irgendwann einmal bevormundet, diskriminiert oder von männlichen Kollegen belästigt. Vielleicht könntest du dich nach einem Neuanfang in einer anderen Firma entspannen und endlich du selbst sein. Niemand sollte gedrängt werden, seine sexuelle Orientierung am Arbeitsplatz offenzulegen, gleichzeitig sollte niemand je gezwungen sein, sie zu verstecken.

Zudem frage ich mich, ob dein Freundeskreis größtenteils hetero ist oder ob du einer queeren Community angehörst. Wenn du ausschließlich Zeit mit Heterosexuellen verbringst (und das in einer Gesellschaft, die leider immer noch heterosexuell ausgerichtet ist), könnte es deinen Wunsch, dir Bestätigung von heterosexuellen Männern zu holen, noch verstärken. Mehr Zeit unter queeren Menschen zu verbringen könnte vielleicht deinen Drang hemmen, sich ins männliche Blickfeld zu schieben. Vielleicht lernst du andere Lesben kennen, die denselben inneren Konflikt haben und mit denen du dich austauschen und sogar darüber lachen kannst.

Der beste Weg, erlernte Überzeugungen und Verhaltensweisen abzulegen, führt über die eigene Weiterentwicklung. Sie könnte darin bestehen, dass du feministische Literatur liest, feministische Podcasts hörst oder mit anderen diskutierst. Du solltest dir gleichgesinnte Frauen suchen, die ebenfalls nach persönlichem Wachstum streben und ähnlich kritisch denken wie du. Nimm Kontakt zu einem feministischen Buchclub oder einer Online-Community auf, wo diese Fragen rücksichtsvoll und in einem sicheren Raum verhandelt werden. Zu erfahren, dass andere Frauen mit ähnlichen Widersprüchen ringen (und das tun sie, ich schwöre es), könnte für dich eine riesige Erleichterung sein. Vor allem würde es dir helfen, die Richtung deiner eingefahrenen Gedanken zu ändern.

Außerdem finde ich, du solltest nicht so streng mit dir sein. Der Mensch an sich ist voller Widersprüche und Scheinheiligkeiten, und sich selbst auf die Schliche zu kommen eine Lebensaufgabe. Dass du dir der Diskrepanzen in deiner Identität bewusst bist, ist bewundernswert, aber du solltest dich nicht gezwungen fühlen, jeden einzelnen deiner Gedanken zu politisieren und dich zu bestrafen. Ich bin mir sicher, selbst die belesenste, intelligenteste Frau freut sich manchmal über ein Zwinkern von einem frechen Busfahrer oder über ein Kompliment von einem Kollegen. Wir Frauen werden von Geburt an mit Scham überhäuft, da ist es nicht nötig, uns noch mehr davon aufzuladen, indem wir uns für mangelnden Feminismus tadeln. Wichtig ist nur, dass du dich bei der Arbeit nicht ohnmächtig fühlst und diejenige sein kannst, die du bist.

Liebe Dolly: »Ich möchte meiner besten Freundin wegen ihrer Essstörung helfen, habe aber mit demselben Problem zu kämpfen«

Meine beste Freundin hat mir neulich anvertraut, dass sie unter einer Essstörung leidet. Ich möchte sie unterstützen, so gut ich kann, kämpfe aber selbst seit vielen Jahren mit demselben Problem. (Sie weiß davon, und ich vermute, dass sie sich aus dem Grund an mich gewendet hat.) Nun habe ich gemerkt, dass es mich triggert, wenn sie über ihr Problem spricht. Ich fühle mich schuldig und wie eine schlechte Freundin, weil ich ihr nicht helfen kann. Soll ich in Kauf nehmen, dass diese Freundschaft eventuell zu Lasten meiner Gesundheit geht, oder mich komplett von ihr distanzieren? Ich möchte niemanden verletzen.

Es tut mir leid, dass du so etwas durchmachen musst. Und ich empfinde enorm viel Respekt dafür, dass du dir Gedanken um deine Freundin machst und dabei versuchst, dich selbst im Blick zu behalten. Du bist keine schlechte Freundin, sondern ganz eindeutig eine Person, die sich und anderen gegenüber empathisch ist. Deine Freundin kann sich glücklich schätzen, dich zu haben.

Dass ihre Schilderungen dich stressen und nervös machen, weil sie das Potenzial besitzen, einen Rückfall einzuleiten, ist vollkommen verständlich. Du hast ein Trauma durchlebt und befindest dich in Genesung, eine heikle und zutiefst persönliche Erfahrung. Zu hören, wie jemand im Detail und in bestimmten Schlüsselbegriffen über seine Essstörung spricht, kann mit einem Schlag beängstigende Erinnerungen wecken. Für das Trauma spielt keine Rolle, wie gut ihr es miteinander meint.

Ich fürchte, viele Leute können sich nur schwer vorstellen, was Genesung eigentlich bedeutet, und dass sie die Betroffenen ein Leben lang beschäftigen wird. Selbst wenn jemand ein vorgeblich glückliches und gesundes Leben führt, lösen sich die Krankheitsgedanken in den seltensten Fällen komplett auf. Wir sollten mit Menschen, die von einer Essstörung genesen, über Essen und Sport stets behutsam sprechen, so wie wir mit einem nüchternen Alkoholiker behutsam über Alkohol sprechen würden. Man kann nie wissen, welche inneren Kämpfe eine genesende Person gerade ausficht. So etwas vergisst man leicht, und ich bedaure, dass auch ich es schon vergessen habe. Wahrscheinlich fühlt deine Freundin sich sehr verloren, aber sie hält dich für weise und ein Vorbild und hat sich nur deshalb ausgerechnet dir anvertraut.

Dass sie sich geöffnet hat, ist etwas Gutes. Wie du als Betroffene sicher weißt und was viele andere nicht verstehen, ist, dass niemand weniger gern über das Thema Essstörung spricht als Menschen mit einer Essstörung. Es ist die Hölle auf Erden, es ist zutiefst privat und fühlt sich enorm beschämend an. Du hast vollkommen recht damit, dass du mit ihrer neuen Offenheit behutsam umgehen solltest.

Ich denke, es wäre für dich und sie gleichermaßen wichtig, so bald wie möglich ein ehrliches Gespräch zu führen. Sag ihr, dass du sie liebst, an diesem Punkt deiner Genesung aber nicht mit den Details ihrer Essstörung konfrontiert werden möchtest. Sag ihr, dass du ihr Vertrauen und ihre Offenheit zu schätzen weißt. Du kannst das tun, ohne dabei vorwurfsvoll zu klingen – leg dir schon vor der Unterhaltung deine Argumente zurecht. Informiere sie darüber, wo auch sie sich Unterstützung holen kann: in Selbsthilfegruppen, karitativen Organisationen, Beratungsstellen. Falls du selbst ohne diese Angebote ausgekommen bist, könntest du trotzdem eine kurze Internetrecherche starten (die meisten dieser Gruppen sind leicht zu finden) und ihr Vorschläge machen.

Außerdem kannst du sie darin unterstützen, einen anderen geschützten Gesprächsraum zu finden. Frag sie, wer in ihrem Leben vertrauenswürdig ist und sich ihre Schilderungen ganz unbefangen anhören kann. Vielleicht findet ihr gemeinsam eine geeignete und zuverlässige Vertrauensperson.

Einmal habe ich einen Vortrag von Brené Brown gehört, in dem sie über Studien zur Empathie sprach. Die Forschenden sprachen mit hochempathischen Menschen und versuchten, deren Gemeinsamkeiten zu ermitteln. Wie sich herausstellte, gab es einen verbindenden Faktor: felsenfeste Grenzen. Diese Leute wussten sich selbst zu schützen. Sie konnten nein sagen. Sie teilten sich ihre emotionale Energie ein, um ihre Liebe und Geduld dort einzubringen, wo sie am nötigsten gebraucht wurden. Das zu erfahren, war für mich sehr lehrreich. Wer anderen immer alles recht machen will, tendiert zur Lüge und agiert auf eigene Kosten. Am Ende entwickelt man vielleicht sogar einen Groll gegen diejenigen, denen man helfen wollte, und beraubt sich der eigenen empathischen Ressourcen.

»Grenzen« ist einer dieser Begriffe aus der Ratgeberliteratur, der oft überstrapaziert und missverstanden wird. Grenzen zu haben bedeutet nicht, um sich selbst zu kreisen, sondern ehrlich zu sagen, wie viel man geben kann. Grenzen bedeuten Selbstschutz, Selbstachtung und echte Nähe zu geliebten Menschen, die nur durch Ehrlichkeit entsteht. Um eine gute Freundin zu sein, musst du zunächst auf dich selbst achten. Du kannst deine Freundin auch ohne Diskussionen über ihre Essstörung unterstützen und ihr das Gefühl vermitteln, geliebt zu werden. Du solltest nie, niemals ein schlechtes Gewissen haben, weil du deine eigene Genesung an erste Stelle setzt. Ich hoffe, es geht dir gut, und ich schicke dir alle guten Wünsche.

Liebe Dolly: »Wenn ich Alkohol trinke, stürze ich jedes Mal spektakulär ab«

Als Mitglied des unglückseligen Abschlussjahrgangs 2020 habe ich beschlossen, die Jobsuche aufzuschieben und zunächst ein Jahr in Paris zu verbringen. Ich werde als Au-pair arbeiten, mein Französisch verbessern und hoffentlich den aufregenden gallischen Zyniker im bretonischen Ringelshirt kennenlernen, von dem ich immer geträumt habe. Die Sache ist leider nur die: Meine Freunde ziehen mich seit Ewigkeiten damit auf, es wäre mein Lebensziel, eine Französin zu werden, aber leider bin ich in der Vergangenheit immer spektakulär abgestürzt, sobald ich Alkohol getrunken habe. Niemals absichtlich, aber anscheinend vertrage ich einfach sehr wenig. Nach allem, was ich gehört habe, verachten die Franzosen die britische Trinkkultur (und natürlich auch die Briten im Allgemeinen). Wie schaffe ich es, im Straßencafé zu sitzen und ein Glas Wein zu genießen, ohne mich unweigerlich zum Affen zu machen? Für Tipps, wie man französische Raffinesse heucheln kann, wäre ich dankbar.

Ich glaube, es war Marcel Proust, der schrieb: »Eher begegnet man einem Mann mit drei Eiern als einer Britin Mitte zwanzig, die sich nicht als ›frankophil‹ bezeichnet.«

Beruhigend zu wissen, dass wir alle schon mal mit nassen Haaren eingeschlafen sind, weil Caroline de Maigret sagte, daher stammten ihre Naturwellen. Wie spektakulär vorhersehbar von uns zu glauben, wir wären die Einzigen, die bildhafte Phantasien über Serge Gainsbourg hegen. Wie niedlich von uns, das neue Jahr mit dem Vorsatz »Erstens: einen Liebhaber nehmen« begonnen und dann mit einer Handvoll misslungener Hinge-Dates mit Immobilienmaklern beendet zu haben. Irgendwann war jede von uns schon einmal beim Friseur, um sich einen Amélie-Bob schneiden zu lassen, und heraus kam eher die Frisur vom Vorsitzenden Mao; oder wir betraten den Salon mit einem Foto von Jean Seberg und sahen hinterher aus wie ein kleiner Junge. *Ma chérie*, du bist nicht die Erste, die einem bretonischen Shirt von Primark und einem Truffaut-Filmplakat auf den Leim gegangen ist, und du wirst auch nicht die Letzte sein.

Warum sehnen wir uns so leidenschaftlich danach, irgendwie französisch zu sein? Was ist am Englischsein so beschämend? Ich glaube, der erste Grund wäre das französische Understatement. Coco Chanel hat allen Frauen geraten, *ein* Accessoire zu entfernen, bevor sie das Haus verlassen, aber wir leben auf der Insel der Fransenschals und getönten Strumpfhosen. Französinnen haben einen Sinn für die Schönheit des Maßvollen – ein winziges Stückchen Käse zum Baguette, eine einzige Zigarette zum Kaffee, für die Kinder einen Schluck Wein zum Abendessen –, während wir uns brüsten, aus der Heimat von Bier-Wein-Mixgetränken und Corned Beef zu stammen.

Ich vermute, dass wir die Franzosen außerdem um ihre Furchtlosigkeit beneiden. Unsere Nation sorgt sich um Manieren und grübelt in der Folge viel darüber nach, was die anderen wohl von uns denken, wogegen unsere französischen Nachbarn bekanntermaßen einen S***** drauf geben. Offenbar plaudern sie nicht über das Wetter und den Verkehr, sondern stürzen sich unerschrocken in die politische Debatte. Sie zucken lächelnd mit den Schultern und schlafen, mit wem sie wollen. Sie essen nach neun Uhr abends und pflegen zum Thema Verdauung eine beneidenswert entspannte Haltung.

Trotzdem denke ich nicht, dass die französische Bevölkerung uns nur annähernd so kritisch betrachtet, wie die altmodische Sichtweise auf den Dialog zwischen unseren Kulturen uns glauben lässt. Wahrscheinlich haben wir unsere Vermutungen von unseren Eltern übernommen, die ihr Wissen über Frankreich aus der Sitcom *'Allo 'Allo!* und Peter Mayles *Ein Jahr in der Provence* bezogen. Sicher muss ich dir nicht erklären, dass das Verhältnis von Trampeln zu Feingeistern in Frankreich wahrscheinlich dasselbe ist wie bei uns. Einem ganzen Land ein Naturell zuzuschreiben würde bedeuten, dich eigenen Erfahrungen und Begegnungen zu verschließen, noch bevor du überhaupt dort angekommen bist.

Ich kann mir nichts Peinlicheres vorstellen als eine Engländerin in Paris, die sich als französisch überidentifiziert. Bevor du also den Eurostar besteigst, solltest du dir genau überlegen, was du dir vom kommenden Jahr erhoffst. Denk an dein Idealbild von Paris und mach dir klar, welche Eigenschaften du selbst gern hättest. Die Antwort wird nicht lauten »französischer sein«, sondern ein Schlaglicht auf deine Selbstzweifel werfen.

Wegen des Trinkens würde ich mir keine Gedanken machen. Ich war immer eine entschiedene Verfechterin der Trunkenheit. Ständig Maß zu halten, ist zu einer Tugend geworden, aber ich frage mich, ob es wirklich zu unserem Glück beiträgt oder nicht doch eher zu unserem Größenwahn. Manche Leute blühen auf, wenn sie sich mäßigen, aber das funktioniert nicht für alle. Einige von uns brauchen manchmal die Extreme. Anscheinend findest du dein Verhalten im betrunkenen Zustand nicht problematisch, sondern fragst dich, was die Franzosen davon halten werden. Solange man sich nicht in Gefahr bringt und niemandem schadet, sehe ich kein Problem darin, zu viel zu trinken. Ich befürchte eher, dass der moderne Puritanismus die nachfolgende Generation der Säufer und Wüstlinge auslöschen wird. Ich schlage dir nicht vor, im Café de Flore in einer strassbesetzten Jacke auf dem Tresen zu tanzen und »Knees Up Mother Brown« zu singen, aber ich denke, dass du von deinem Auslandsjahr am meisten hast, wenn du du selbst bist.

Und du wirst du selbst sein müssen. Du wirst dich finden, egal ob du in einem Café in Montmartre roten Lippenstift aufträgst oder bei Shakespeare and Company in Büchern blätterst, die du nie lesen wirst. Denn etwas lernen wir alle früher oder später: Wir müssen raus in die Welt. Es ist ein großes Abenteuer, und ich gratuliere dir (alle träumen davon, sich in Paris auszutoben, und du bist erst einundzwanzig und setzt es in die Tat um). Du wirst neue Leute, die Welt und dich selbst kennenlernen. Doch deine Ängste und deine Macken werden dir über den Ärmelkanal folgen, also erwarte nicht, in der neuen Stadt ein anderer Mensch zu sein. Du kannst Urlaub von deiner Postleitzahl machen, aber nicht von deiner DNA. Geh das neue Jahr mit Leichtigkeit und Offenheit an und erwarte keine komplette persönliche Verwandlung.

Und wenn Paris dich enttäuscht? Nun, dann bleibt uns immer noch Primark.

Liebe Dolly: »In meiner fünfjährigen Beziehung habe ich es verlernt, Single zu sein«

Ich bin weiblich, dreiundzwanzig Jahre alt und habe gerade eine fünfjährige Beziehung hinter mir. Nach einer kurzen Trauerphase habe ich mich monatelang von einem Techtelmechtel zum anderen gehangelt und über Dating-Apps Männer kennengelernt, mit denen ich Kurzzeitbeziehungen eingegangen bin, aber am Ende ist alles im Sande verlaufen und hat in mir ein Gefühl der Leere hinterlassen. Wenn eine Affäre endet, spüre ich den Drang, mich sofort wieder auf den Apps umzusehen und den nächsten Mann kennenzulernen, und dann geht alles von vorn los. Ich habe es verlernt, Single zu sein. Die Vorstellung, meine Sonntage allein verbringen zu müssen, jagt mir Todesangst ein, und obwohl ich nach der langen Beziehung wieder sehr viel mehr Kontakt zu meinen Freundinnen habe, fühle ich mich einsam und vermisse es, mein Leben mit jemandem zu teilen.

Du hast nicht verlernt, Single zu sein. Ich weiß nicht, wie es sich anfühlt, aus einer fünfjährigen Beziehung zu kommen, aber ich kenne viele Frauen, die diese Erfahrung gemacht haben, und alle haben sich ähnlich verhalten. Sie weinen eine Woche lang, laden sich dann zum ersten Mal eine Dating-App runter und fühlen sich, als wären sie aus dem Koma erwacht, gerade so, als wären sie nach einem Nahtoderlebnis wiederbelebt worden. Sie starten parallele Chats mit mehreren Leuten, bestellen in der Bar nur noch Tequila-Cocktails und sagen Sätze wie »Ich will für immer Single sein!«. Dann gehen sie auf das erste Date, amüsieren sich halbwegs gut, haben halbwegs guten Sex und versuchen sofort, den Mann zu ihrem nächsten Freund zu machen. Es klappt nicht, sie weinen wieder, gehen aufs nächste Date und so weiter. Ungefähr ein Jahr lang geht das so, bis irgendein Date-Partner nachgibt und eine Beziehung mit ihnen eingeht oder sie sich endgültig fürs Singledasein entscheiden.

Dass du dich nach einer romantischen Beziehung sehnst, ist logisch. In deinem gesamten Erwachsenenleben haben dein Körper und dein Verstand nichts anderes kennengelernt. Doch dass wir uns etwas sehr wünschen, bedeutet noch lange nicht, dass es das Richtige für uns ist. Meine Therapeutin hat mir einmal einen Rat gegeben, den ich an dieser Stelle gratis wiederhole (denn was ist Therapie anderes, als das psychologische Fachwissen einer anderen Person als eigene Weisheit auszugeben?): »Wer auf der Stelle tritt, kommt nicht weiter.« Mit anderen Worten war deine Langzeitbeziehung bis vor sechs Monaten das Richtige für dich, doch für die neue Lebensphase brauchst du neue Erfahrungen.

An dieser Stelle muss ich vorsichtig sein, denn sobald es ums Alleinsein geht, klingt alles, was ich sage, ein bisschen nach *Eat, Pray, Love*. Ich möchte das Leben als Dauersingle nicht übertrieben romantisieren, denn es hat seine Herausforderungen und ist nicht für jeden geeignet. Dauersingle zu sein ist mehr, als allein auf Reisen zu gehen oder im Café zu sitzen und Leute zu beobachten, was ich in meinen älteren Texten vielleicht überhöht habe. (Einmal erzählte mir eine Frau, eine Freundin habe sich von meinem Memoir inspirieren lassen, »umgeben von Büchern und Pflanzen« zu leben. »Dabei liest sie nicht mal«, fügte sie leise hinzu.)

Ich möchte dazu nur das eine sagen: Ende zwanzig beschloss ich, mit mir allein klarzukommen. Mein Leben lang hatte ich mich um enge Beziehungen gedrückt, und nun wollte ich mich ganz mir selbst widmen. Es war die beste Entscheidung meines Lebens. Früher war ich von der romantischen Liebe besessen, und wie du konnte ich mir nicht vorstellen, dass ein Leben auch ohne sie erfüllt sein könnte. Seither habe ich nicht nur Monate, sondern ganze Jahre ohne Dates hinter mir. Statt meine Zeit mit einem Freund zu verbringen, von dem ich Ansichten und Gewohnheiten übernommen hätte, konnte ich sie nutzen, um mich selbst wirklich zu verstehen. Ich weiß jetzt genau, wie ich am liebsten meine Wochenenden verbringe (Freitagabend Party, Samstagabend Dinner mit Freunden, Sonntag Kino), was ich immer im Vorratsschrank haben möchte (Cornichons, Tabasco, französischen Senf) und wann ich am liebsten ins Bett gehe (um Viertel vor elf, einen zehnminütigen Puffer für gespeicherte eBay-Suchen eingerechnet).

Einiges an mir betrachte ich mit Zweifeln und Ablehnung – meinen Intellekt, mein Aussehen, mein Geschichtswissen (warum werden die Jahrhunderte so komisch benannt?). Aber auf meine Unabhängigkeit bin ich wirklich stolz. Zu erfahren, dass man allein sein kann – dass man auf sich aufpassen und zur Ruhe kommen kann –, halte ich inzwischen für den wichtigsten und stillsten Beitrag zum Selbstvertrauen eines Menschen.

Und zum Ende noch eine Portion rührseligen Quatsch: Der Schlüssel zum Alleinsein liegt darin, die Seele als eigenständiges Wesen zu betrachten. Stell sie dir vor wie eine Freundin oder eine Zwillingsschwester. Wie das Mädchen, das du schon dein ganzes Leben lang kennst und das dich bis zu deinem letzten Tag auf Erden begleiten wird. Sie wird dir ewig Gesellschaft leisten. Höre auf sie, nähre sie, fordere sie heraus. Lernt gemeinsam. Bleibe immer im Austausch mit ihr. Rette sie aus Situationen, in denen sie unglücklich ist, und gönne ihr ihren Spaß. Irgendwann wirst du dich wieder verlieben und eine neue Beziehung eingehen, und danach vielleicht noch einmal und noch einmal. Diese Beziehungen werden sich sehr viel besser anfühlen, wenn du weißt, dass du sie nicht brauchst, sondern dich bewusst für sie entschieden hast. Doch fürs Erste solltest du lernen, mit dir allein zu sein. Dein zukünftiges Ich wird es dir danken.

Danksagung

Zuerst möchte ich mich bei allen Menschen bedanken, die sich mit ihren Fragen an *Dear Dolly* gewendet haben. Ohne die vielen fremden Geschichten, die mir anvertraut wurden, gäbe es meine Kolumne und dieses Buch nicht. Ich danke euch für die Ehrlichkeit und Verletzlichkeit, mit der ihr mir geschrieben habt.

Ich danke Helen Garnons-Williams für ihre Unterstützung bei der Auswahl und beim Lektorat der Texte, und für ihre Geduld – die Zusammenarbeit mit dir war toll. Ich danke Juliet Annan, die mich darin bestärkt hat, dieses Buch zu machen. Wie immer hattest du in allem recht. Ich danke meiner Freundin und Agentin Clare Conville für ihre Unterstützung und für die harte Arbeit, die sie in meine Karriere investiert.

Ich danke Surian Fletcher-Jones und China Moo-Young für die Kooperation und das Mentorat; sie halfen mir, im Skript, am Set und auch im Privatleben Probleme zu lösen.

Ich danke Alison Williams und Roisin Kelly für ihre Hilfe bei der Zusammenstellung dieser Texte. Ich danke meinen Redakteurinnen der *Sunday Times Style*: Jackie

Annesley, Lorraine Candy und Laura Atkinson. Ich bin so dankbar für die Chancen, die ihr mir gegeben habt, und für alles, was ich von euch lernen durfte. Ich kann immer noch nicht glauben, dass ich für mein Lieblingsmagazin schreibe.

Und ich bedanke mich bei meinen besten Freundinnen für ihren guten Rat, den Wein, das Bier, den Wodka, die Sprachnachrichten, die Zoom-Calls, die Reisen, die Abende im Restaurant und die Tage auf dem Sofa. Ihr habt mir geholfen, alles besser zu verstehen. Ich weiß nicht, wie ich die letzten Jahre ohne euch überstanden hätte.